EDUCAÇÃO FÍSICA INFANTIL:
Construindo o MOVIMENTO na escola

7ª Edição
Revisada e Ampliada

Instituto Phorte Educação
Phorte Editora

Diretor-Presidente
Fabio Mazzonetto
Diretora Executiva
Vânia M.V Mazzonetto
Editor Executivo
Tulio Loyelo

EDUCAÇÃO FÍSICA INFANTIL:
Construindo o MOVIMENTO na escola

7ª Edição
Revisada e Ampliada

Mauro Gomes de Mattos
Marcos Garcia Neira

Docentes da Faculdade de Educação da Universidade de São Paulo

Phorte
editora

São Paulo, 2008

Educação Física Infantil: Construindo o Movimento na Escola
Copyright © 1999, 2000, 2002, 2003, 2005, 2006, 2008 by Phorte Editora Ltda.

7a Edição

Rua 13 de Maio, 598 – Bela Vista – São Paulo – SP
CEP: 01327-000 – Brasil
Tel/Fax: (11) 3141-1033
Site: www.phorte.com
E-mail: phorte@terra.com.br

Nenhuma parte deste livro pode ser reproduzida ou transmitida de qualquer forma ou por quaisquer meios eletrônico, mecânico, fotocopiado, gravado ou outro, sem autorização prévia por escrito da Phorte Editora Ltda.

CIP-BRASIL. CATALOGAÇÃO-NA-FONTE
SINDICATO NACIONAL DOS EDITORES DE LIVROS, RJ

M392e
7.ed.

Mattos, Mauro Gomes de, 1946-
Educação física infantil: construindo o movimento na escola / Mauro Gomes de Mattos, Marcos Garcia Neira. - 7.ed. rev. e ampliada. - São Paulo: Phorte, 2008.
il.

Anexos
Inclui bibliografia
ISBN 978-85-7655-160-7

1. Educação física (Ensino fundamental) - Estudo e ensino. 2. Educação física para crianças - Estudo e ensino. 3. Educação pelo movimento. I. Neira, Marcos Garcia, 1967-. II. Título.

07-3470.   CDD: 613.7042
                    CDU: 613.71-053.2

11.09.07   12.09.07   003471

Impresso no Brasil
Printed in Brazil

DEDICATÓRIA

Dedico à memória de meu pai, José, e à minha família: Délcia, Mônica e Mauro Filho, pelo inestimável apoio, incentivo e compreensão, que, juntos, são a razão de todo o meu trabalho.

Mauro Gomes de Mattos

Ao Marquinhos.
Correndo, rindo e brincando, pela esperança e saudade constantes.

Marcos Garcia Neira

APRESENTAÇÃO

É com muita satisfação que assistimos à nova edição (REVISADA E AMPLIADA) do nosso *Educação Física Infantil:* Construindo o Movimento na Escola. Como um filho que cresce e conduz a própria vida, o presente livro – composto para uma circulação restrita – ganhou pernas, ou melhor, pernas, braços, corpo e movimento, extrapolando os caminhos que tínhamos para ele planejado.

Desde sua 1ª edição (1998) pretende-se unicamente, fornecer subsídios teóricos para uma concepção de Educação Física já presente nas quadras e pátios escolares. Nessa obra, o leitor perceberá a articulação de uma abordagem da Educação Física e de uma concepção de aprendizagem: "educar pelo movimento" é uma expressão bem conhecida pelos professores, e uma outra, igualmente de domínio público, "a construção de conhecimentos", cada vez mais, é tomada como referência para a prática pedagógica em todos os níveis de ensino.

Portanto, nosso leitor, o principal responsável por uma nova edição, ao ler estas páginas, terá a impressão de já conhecer a proposta. Isso mesmo, ela está na escola, ela acontece no cotidiano das aulas. Apresentamos, simplesmente, a fundamentação e organização da tarefa pedagógica. O mesmo já foi feito em outra ocasião, no *Inter-relações* – movimento, leitura e escrita (PHORTE EDITORA, 2002), que expõe um enfoque na mesma proposta, contudo, direcionado ao desenvolvimento das funções psicomotoras que estruturam a construção da linguagem escrita pelas crianças.

Dessa vez, o leitor, dando continuidade ao nosso próprio processo de aprendizagem, oferecemos o *Educaçao Física Infantil:* Construindo o Movimento na Escola, com uma linguagem atualizada e reflexões sobre a prática, que realizamos nestes oito anos que nos distanciam da primeira edição. Os créditos desta obra deverão ser encaminhados aos colegas de profissão, afinal, por baixo de cada linha, camufladas em cada parágrafo, percebem-se as mãos das mais de 600 pessoas que ajudaram a construí-lo.

Um documento, com tantos participantes, não poderia, nem pretende, ser a palavra final em Educação Física Infantil. Mas, para nós, cumpre a tarefa de expor os fundamentos de uma abordagem que, conforme exposto, subsidia os jogos, as brincadeiras e as atividades experimentados e adaptados à realidade escolar.

As páginas a seguir nasceram da articulação teoria e prática, na qual, a cada nova idéia, a cada aula, foram postas em ação, novamente analisadas e, finalmente, adquiriram o seu "rosto" final. A riqueza do processo está na sua história – foi escrito na quadra e no pátio, olhando para os alunos.

Finalizando, esta nova edição celebra dez anos de trabalho conjunto dos autores. Neste tempo, a relação professor-aluno transformou-se em compromisso com a Educação e, em especial, com a Educação Física. Entre atividades, aulas, palestras, cursos, viagens e pesquisas, sempre houve tempo para longas conversas e discussões que versaram sobre a mesma temática: a busca de um novo significado para o trabalho dos homens e mulheres que atuam na Educação Física.

Por hora, caro leitor, as idéias resultantes destas experiências encontram-se aqui, neste livro. Torcemos para que, juntamente com seus conhecimentos, possam resultar em benefícios para os seus alunos.

Mauro G. Mattos e Marcos G. Neira

PREFÁCIO

Entre as inúmeras e variadas ações desenvolvidas ao longo dos últimos oito anos no Projeto de Educação Continuada, mais conhecido como PEC/USP, um destaque merecido deve ser dado ao Curso de Educação Física Infantil, organizado e implementado por mérito dos professores Mauro G. de Mattos e Marcos G. Neira.

Podemos apontar, pelo menos, duas razões para este destaque.

Em primeiro lugar, a Educação Física não foi listada entre as prioridades iniciais da Secretaria Estadual de Educação, responsável pelo PEC. A Dirigente Regional da 18ª DE de São Paulo, entretanto, percebendo a importância da proposta apresentada, lutou por ela, entendendo-a como componente essencial para o alcance do seu objetivo: capacitar bem os professores das séries iniciais do ensino fundamental. Parabéns, portanto, à equipe da 18ª DE (dirigente, supervisores e ATPs), pela lucidez e pelo empenho em defesa de um bom Ensino Público.

Outra razão foi a procura do curso pelos professores da rede. Foram formadas, inicialmente, oito turmas, um número já bastante expressivo. O sucesso, entretanto, não permitiu que se encerrasse por aí. Logo em seguida, mais quatro turmas foram formadas, sendo que, naquele ano, com a adição de mais duas turmas, chegou-se a um total de quatorze, com nada menos que 615 participantes! E que participantes! Estudavam a fundamentação teórica, jogavam, brincavam, suavam, cansavam-se e ainda sorriam. Sempre, na certeza de que seus alunos seriam os reais beneficiários de todo o esforço.

Só nos resta, agora, cumprimentar com alegria os docentes da USP, pela competência em sua área e dedicação demonstrada neste estafante trabalho de capacitação, cujos bons frutos não se esgotam nas aulas ministradas, mas se consolidam nesta publicação, destinada a todos que participaram deste esforço.

Olga Molina,
Coordenadora do PEC da
Faculdade de Educação da USP

SUMÁRIO

INTRODUÇÃO — 1

1 O MOVIMENTO DA ESCOLA — 5

1.1 Esquema Corporal — 21
1.2 Estruturação Espacial — 31
1.3 Orientação Temporal — 34
1.4 Critérios para Seleção dos Conteúdos — 37

2 A EDUCAÇÃO FÍSICA INFANTIL EM UMA PERSPECTIVA CONSTRUTIVISTA — 39

2.1 Imitar mesmo que parcialmente algo próprio do objeto do conhecimento — 43
2.2 Criar novos significados para os objetos de que dispõe — 43
2.3 Elaborar a representação — 44
2.3.1 Condições para Construção — 44
2.3.2 O Papel do Professor — 49
2.3.3 Analisando Situações do Cotidiano — 51
2.3.4 O Caminho da Construção — 54
2.3.5 Elaborando uma Proposta de Ensino — 58

3 PLANEJAMENTO EM EDUCAÇÃO FÍSICA ESCOLAR — 67

4 PALAVRAS FINAIS — 75

5 ATIVIDADES MOTORAS PARA EDUCAÇÃO INFANTIL E ENSINO FUNDAMENTAL DE 1ª A 4ª SÉRIE — 79

REFERÊNCIAS — 125

INTRODUÇÃO

A criançada reunia-se à tardinha, logo após os deveres de casa. A rua, então, transformava-se em uma espécie de parque, de pátio escolar. Ali se ensinava e se aprendia, os professores eram os garotos mais velhos, donos da malícia e da experiência, conhecedores das artimanhas de brincar, jogar e, quase sempre, vencer. Nós, os menores, talvez no lugar de discípulos, acompanhávamos os mestres daquela arte, sabendo que, em breve, estaríamos ensinando aos outros, ainda mais jovens. Admirados, olhávamos e imitávamos, aprendíamos inúmeras brincadeiras, suas técnicas e seus segredos: a pedra mais achatada para o jogo da amarelinha, os lugares secretos para o esconde-esconde, a vareta de bambu mais resistente para a confecção "dos" pipas.

No espaço pedagógico da rua, eram esquecidos os padrões externos, a seriedade, a formalização. Ludicamente, assimilávamos aquela quantidade infinita de regras, valores, comportamentos e conhecimentos. As técnicas de cada jogo, seus movimentos próprios e suas características eram internalizados de forma espontânea e agradável, distante daquela maneira de "aprender" com a qual, hoje, já adultos, lidamos.

Assim, deu-se a nossa primeira relação com as manifestações do movimento, com o jogo, com o lúdico, com o pedagógico. Aprender e ensinar, naquele contexto, ganhavam ares de diversão, *status* de saberes. Quem era capaz de subir na árvore mais alta? Acertar o alvo com as pedras atiradas com o estilingue de "tripa de mico"? Derrubar a lata durante o jogo de taco?

Olhando para trás, pensamos naquela forma de aprender: sem dor, sem sofrimento, sem repetição. Até hoje, não nos recordamos de crianças que ficassem memorizando as regras do jogo de bolinhas de gude ou precisassem de estratégias para não esquecer das cantigas de roda.

Pensando nisso, façamos uma releitura de nossa prática pedagógica, desta vez como educadores. Recusamos a preferência exclusiva, dada aos "especialistas" em Educação Física. Tanto os regentes de sala de aula no Ensino Fundamental quanto os educadores dos Centros de Educação Infantil não priorizam somente o intelecto em suas atividades, nem tampouco os professores de Educação Física enxergam apenas a motricidade. Ambos concebem a criança como um ser global, único e inteiro: cognitivo, afetivo, social e psicomotor.

Assim, apresentamos uma concepção integral de educação, na qual pretendemos unir o que, freqüentemente, vêem-se dissociados: corpo, mente e coração. Tal divisão, quando mantida no fazer daqueles que atuam na escola, transforma o ambiente de aprendizagem em sofrimento, distante da realidade, do interesse e dos atrativos infantis.

Exemplo disso é o quão específica tornou-se a Educação Física nos últimos anos. Há pouco tempo, ainda éramos responsáveis pelas datas comemorativas, quadrilhas e festividades. Ao menos era uma oportunidade de contato com os colegas, quem sabe, o berço da integração entre as áreas. Contudo, a verdade é que perdemos este campo de atuação, e os maiores prejudicados, certamente, foram as crianças, que, desprovidas de orientação, apresentam danças onde a dificuldade para formação de uma roda é visível aos olhos de todos; noções de postura praticamente inexistem e a exploração de elementos do folclore, da cultura popular e da tradição lúdica se restringem aos trabalhos teóricos de outros componentes do currículo.

1

O MOVIMENTO DA ESCOLA

É possível encontrar, entre outros, dois discursos acadêmicos sobre a Educação Física escolar: um elegeu como objeto de estudo o movimento humano; outro, como no nosso caso, atentou para as manifestações culturais do movimento: o jogo, a dança, as atividades expressivas, as lutas, a ginástica e o "conhecimento" sobre o corpo. Nesta perspectiva, o movimento não acontece sozinho. Não há movimento pelo movimento. Toda ação tem uma intenção. É o que caracteriza o seu aspecto comunicativo, determinado sempre pelo contexto cultural onde está inserido. Qualquer gesto tem como suporte um significado. Em oposição, o primeiro enfoque limita-se à compreensão do movimento enquanto fenômeno biológico: de músculos e tendões, fibras, força, resistência e velocidade.

Resistindo a isso, buscamos algo diferente: o gesto carregado de sentido, significado e intenção. Entendemos a Educação Física Escolar como uma ação pedagógica abrangente: cognitiva, afetiva, social e psicomotora. Ansiamos todos aqueles movimentos que as crianças fazem, inseridos em uma situação que as estimulem a pensar e planejar as suas ações: fugindo de um pegador, escalando uma montanha imaginária e "queimando" os amigos, enfim, vivendo cada movimento não só com os músculos, nervos e tendões, mas, também, e, principalmente, com o coração e a cabeça.

Neste momento, nos recordamos da observação registrada pelos estagiários da Universidade na época em que acompanhavam nossas aulas na Escola Pública.

> Vejam os rostos das crianças, vejam como elas procuram ficar próximas ao professor, elas estão sorrindo, estão felizes.

Esta felicidade a qual nos referíamos nada mais é que o envolvimento das crianças com a atividade, com o viver o brinquedo, sentindo as emoções de jogar, arriscar-se, experimentar e conseguir. Pensando nisso, para nós, é cada vez mais difícil compreender os comentários ouvidos durante os cursos de formação contínua de professores, que denunciam certo "desinteresse" das crianças em participar das aulas. Não é crível que, diante da enorme curiosidade infantil, haja alguma atividade desinteressante quando a aula é planejada considerando as características do grupo. Somente o que for incompreensível, corriqueiro, comum ou fácil demais afastará as crianças. Assim, repetindo os autores da Educação, à criança só interessa aquilo que tem significado e, normalmente, o que nós supomos ser do interesse delas nada lhes diz. É como o caso do garoto de 7 anos que, entre os brinquedos eletrônicos que o "Papai Noel" lhe trouxe, descobre uma espada de plástico (dessas que se compram nos atacadistas). A família, surpresa, constata o fracasso dos presentes caros e inveja a alegria do menino brincando com a espada em meio à fantasia, emoção e aventura.

Nossa proposta se fundamenta nos trabalhos de LE BOULCH e PIAGET, buscando uma ação motriz que reúna as características mencionadas: a vinculação do movimento com intenções, raciocínios e planos de ação elaborados; as atividades com significado, com o concreto, com o real, com o interesse daquele que é o mais importante no processo, o aluno.

Desta forma, o educador responsável pelos conteúdos relativos à cultura motora educaria o movimento do aluno ao tratar das habilidades necessárias para pular corda, brincar de amarelinha e jogar queimada. Educaria por meio do movimento ou pelo movimento, devido às aprendizagens proporcionadas pelas experiências vividas: conhecer o próprio corpo e seus limites, envolver-se com os demais colegas, arriscar-se e aprender com as emoções do risco etc. E, por fim, educaria sobre o movimento, ao poder, mediante as brincadeiras, jogos, atividades rítmicas e expressivas, proporcionar situações com as quais os alunos construíssem conhecimentos sobre as formas adequadas de transportar o colega sem se machucar, ao saltar, executar movimentos de amortecimento, ao rolar, adotar a postura grupada para proporcionar fluidez e segurança ao movimento etc.

Estas idéias, atualmente difundidas em diversas obras da Educação Física, constituem-se em uma adaptação da proposta de JEAN LE BOULCH (1982, 1983 e 1986). Ao propor o seu *Método Psicocinético*, o autor afirmou:

> Toda a educação pressupõe tomar decisões quanto à finalidade da ação educativa. O objetivo por nós apontado é o de favorecer o desenvolvimento de um homem capaz de atuar num mundo em constante transformação, por meio de um melhor conhecimento e aceitação de si mesmo, um melhor ajuste de sua conduta e uma verdadeira autonomia e acesso às suas responsabilidades no marco da vida social. (1986, p. 74)

LE BOULCH propunha que, por intermédio da ação sobre atitudes e movimentos corporais, seria possível abranger o ser total, o homem como um todo, já que o ato motor não ocorre isoladamente; é intencionalmente elaborado, fruto de ações expressivas em um dado meio. Contudo, seu *Método Psicocinético*, também denominado *Educação Psicomotora*, nos apresentava exercícios que, mediante sua realização, proporcionavam a aprendizagem de elementos cognitivos e sociais. Sem perder o essencial da sua obra, sugerimos, neste livro, a substituição dos exercícios de LE BOULCH por jogos, brinquedos, brincadeiras, rodas cantadas e demais elementos da cultura motora infantil, por acreditar que acrescentaremos à sua proposta o aspecto anteriormente mencionado, o significado das atividades para as crianças.

Para COLLELLO (2004),

> A educação psicomotora é uma educação de base, que visa atingir a criança no plano afetivo (isto é, na capacidade de se relacionar com os outros e com as coisas) e no desenvolvimento funcional, seja na capacidade de ajustamento, seja na organização dos campos exteroceptivo (percepção espaço-temporal) e proprioceptivo (percepção do corpo e das sensações). Em outras palavras, poderíamos afirmar que a Educação pelo Movimento visa conjugar os fenômenos motores, intelectuais e afetivos, garantindo ao homem melhores possibilidades na aquisição instrumental e cognitiva, bem como na formação da sua personalidade. (p. 23)

Somos herdeiros de uma concepção dualista do ser humano, que separa o corpo da mente, como se isso fosse possível. Para questionar tal conceito, desafiamos nosso leitor a buscar um exemplo de qualquer manifestação humana não corpórea. Diante da impossibilidade de uma resposta, torna-se impossível qualquer ação que parta do homem sem o uso de recursos corporais. Até mesmo o pensamento, para ocorrer, lança mão de um órgão corporal, o cérebro.

Assim, colocamos em cheque toda a ação pedagógica centrada unicamente na cognição que, em conseqüência, deixe de fora a dimensão corporal dos atos humanos. É sabido que, em alguns casos, a sala de aula se torna o espaço exclusivo do raciocínio e da inteligência (como se ambos não passassem pela corporeidade).

Em casos assim, ao corpo restou a quadra, o pátio e o recreio – normalmente vinculado às expressões emotivas mais fortes, como correria, vozes altas e empolgação. Deste modo, ironicamente, FREIRE (1998) defende a realização de duas matrículas ao começo do ano letivo: uma para o corpo e outra para a cabeça.

Como dizíamos, não há manifestação humana não corpórea; logo, o corpo é a sede de todos os sentimentos, ações e pensamentos. Aquele dualismo corpomente, embora ainda esteja presente em algumas escolas, lentamente tem sido superado por uma visão integral do ser humano e das práticas educativas. Entretanto, salientamos a dificuldade de rever e substituir práticas tradicionais intrínsecas ao imaginário docente. Compreender esta unicidade e, mais ainda, com ela trabalhar, tem sido o fator desencadeante dos nossos estudos, nossa maior preocupação, pois, ao entrar em sala de aula, o professor, não encontra somente "cérebros" para ensinar, lida, principalmente, com os corpos, e, neste sentido, qualquer que seja o conteúdo ensinado, influenciará ou sofrerá influência das demandas corporais dos alunos.

Sobre este aspecto, os professores têm muito a dizer: quem nunca presenciou o incômodo corporal vivido por longos períodos de retenção na sala de aula em um dia chuvoso, ou não percebeu que muitas crianças reagem corporalmente (emocionalmente) quando chamadas à atenção ou felicitadas por seu desempenho. Quem nunca notou que a dificuldade de compreensão de um tarefa escolar pode ser percebida por ares de afastamento, distração ou tédio?

Diversos autores, entre eles CRATTY (1975), destacam o papel das ações motoras como meio de conhecimento para os demais domínios. Segundo o autor, no início, todo o conhecimento é motor; posteriormente, divide-se em três ramos: o cognitivo, o afetivo e o psicomotor, isto é, o saber fazer, o querer fazer e o poder fazer.

A partir daí, destacamos o papel das atividades motoras como meio de formação humana, sobretudo, na Educação Infantil e no ciclo inicial do Ensino Fundamental. Nestas etapas, é razoável afirmar que o movimento é uma forma expressiva relevante para as crianças; logo, todos os educadores têm a obrigatoriedade de compreendê-lo. Muito além de um olhar biológico ou fisiológico, o corpo que corre e cresce é o mesmo que sente, conhece e se expressa. Portanto, uma compreensão mais apurada da motricidade infantil faz-se necessária aos profissionais que atuam na escola.

Para WALLON (citado por DANTAS, 1992), o movimento pode ser de três tipos: reflexo, automático e voluntário.

Os *movimentos reflexos* são inatos, segundo o autor. A sua característica fundamental é a existência em função da autopreservação. É o movimento instintivo, sua execução independe da vontade e do controle pelo Sistema Nervoso Central (SNC). Devido à rápida reação ao estímulo, não tem tempo hábil de percorrer todas as vias periféricas e tomar a decisão com base em experiências anteriores. Assim, ao ouvirmos um estrondo, nossa reação imediata é elevarmos os braços como proteção. Estes movimentos fogem ao nosso controle, não são educáveis.

Como *movimento voluntário*, entende-se aquele que exige o estabelecimento de um plano de ação, ou seja, a tomada de decisão no nível do córtex cerebral com base em aprendizagens e experiências anteriores. Neste caso, constata-se o planejamento da ação motora, a avaliação dos resultados desta ação e, finalmente, uma possível modificação das experiências acumuladas. Por exemplo, quando tentamos acertar um alvo, arremessando uma bola, os cálculos de força, distância e precisão são estabelecidos no nível cortical com base em aprendizagens anteriores. Caso esta habilidade apresente semelhanças com movimentos já conhecidos, haverá poucas modificações, mas, se, inversamente, este movimento não consta do nosso "repertório", maior mobilização cognitiva será necessária para a realização da tarefa. Aqui, incluímos a necessidade de várias experiências para a aprendizagem desta nova habilidade.

O *movimento automático*, ainda para WALLON, seria uma segunda etapa do movimento voluntário. Se a tarefa motora é solicitada com alguma constância, por exemplo, caminhar, dirigir, correr, saltar etc., o cerebelo se encarrega de fixá-la e torná-la disponível sempre que necessário. Este fenômeno possibilita o estabelecimento de novos e avançados planos motores.

A compreensão neurológica do movimento humano em muito auxilia o educador no momento do planejamento das suas aulas: nas etapas da escolarização aqui abordadas, a ênfase recairá sobre o movimento voluntário, no qual se destaca a obrigatoriedade da ação cognitiva e da decisão individual solicitada na resolução de uma tarefa motora.

Pode-se concluir que, caso as atividades propostas na aula de Educação Física solicitem dos alunos a resolução de problemas simples (Como alcançar no "pegador"? Como fazer para não ser pego durante a "mãe da rua"?) ou mais complexos (Como equilibrar o material disponível, de forma a construir uma ponte sólida? Como elaborar coletivamente uma tática para o pique-bandeira?), teremos uma grande participação da ação cognitiva sobre os movimentos voluntários, mobilizando novos conhecimentos para a descoberta de soluções eficazes. Contudo, os exemplos mencionados nos permitem identificar nestas atividades a existência concomitante de movimentos automáticos, como correr, andar, transportar materiais etc. De um ponto de vista integrado, cabe afirmar que a proposta das atividades deverá enfatizar os movimentos voluntários, ou seja, serão oferecidas inúmeras situações em que, de forma autônoma, os alunos agirão visando solucionar os problemas.

Este aspecto contradiz uma longa história do componente na escola. Quando (como sabemos) aos alunos eram apresentadas, sobretudo, soluções, ou seja, o estabelecimento de um movimento padrão pelo professor e grande parte do tempo da aula era preenchido com exercícios de fixação deste movimento, deixando pouco espaço para uma experimentação cognitiva original e tomada de decisão autônoma. Neste caso, os aspectos benéficos limitavam-se à aprendizagem de movimentos quase sempre com pouca inter-relação com aspectos cognitivos ou socioafetivos.

Assim, o educador deve optar, quando possível, pela proposição de atividades pedagógicas que privilegiem um contexto significativo para a motricidade. Isso significa que o exercício puro e simples não se encaixa nesta proposta. A "corrida ao redor da quadra" ou os "percursos batendo bola" estão muito distantes do que consideramos atividades pedagógicas coerentes com um enfoque globalizador da Educação Física.

Entendemos que o que foi dito até o momento já nos permite compreender alguns princípios básicos para a elaboração de um programa de Educação Física escolar. O educador, preocupado com uma concepção global, enfatizará a aprendizagem pelo movimento, deixando para outros espaços a aprendizagem do movimento. Algumas obras de referência na área – TANI et al. (1988) e SCHMIDT e WRISBERG (2001) – são enfáticas em afirmar que não é possível separar a aprendizagem do movimento da aprendizagem pelo movimento. Explicam sua concepção ao esclarecer que até mesmo naquelas atividades onde a execução dos movimentos ocorre de forma automática, o executante controla praticamente todas as informações necessárias recorrendo às estruturas cognitivas anteriormente construídas. Desta forma, durante a corrida, por exemplo, o indivíduo, ao tomar a iniciativa de correr, controla a direção, desvia dos obstáculos tomando como referência aprendizagens já estabelecidas.

Apesar disso, insistimos na implementação de atividades que solicitem, prioritariamente, a tomada de decisão dos alunos. Tendo em vista que um dos objetivos da Educação Física na escola é contribuir para o aumento dos conhecimentos, por que insistir na execução de tarefas já conhecidas?

Quando o tempo é escasso e os recursos são poucos, o professor é forçado a optar por atividades cujo potencial pedagógico seja ampliado. Sobre esta temática, FREIRE (1998) assim se posiciona: a educação do movimento é uma proposta que compreende, especialmente, a realização de atividades motoras, visando o desenvolvimento das habilidades (correr, saltar, saltitar, arremessar, empurrar, puxar, balançar, balancear, subir, descer, andar). Portanto, a educação do movimento prioriza o aspecto motor na formação do educando. No ambiente educacional, este trabalho pode ser distribuído ao longo de todo o período escolar; a ênfase, entretanto, ocorre nas séries finais do Ensino Fundamental, quando as características psicológicas e fisiológicas dos alunos correspondem às exigências desta proposta.

Ainda segundo o autor, a educação pelo movimento extrapola o componente motor, compreendendo os aspectos afetivos, cognitivos e sociais. Assim, a proposição de atividades motoras inclinadas para a educação, pelo ou através do movimento, envolverá os alunos de forma integral.

À primeira vista, tal proposta chama-nos a atenção pela sua pretensão e derruba aquela concepção antiga de uma Educação Física escolar condicionadora do corpo. A educação pelo movimento, segundo Freire, encontra nas obras de Le Boulch sua principal fundamentação, apresentando-se, como tentaremos demonstrar, como uma alternativa orientadora para a implementação de um programa de atividades na Educação Infantil e séries iniciais do Ensino Fundamental.

Le Boulch (1986), por sua vez, buscou nas obras de Piaget o alicerce psicológico para a educação pelo movimento ou, como visto anteriormente, a educação psicomotora. Segundo Piaget (1983),

> as raízes do raciocínio lógico terão que se basear na coordenação das ações a partir do nível sensório-motor, cujos esquemas têm importância fundamental desde o início. (p. 72)

O autor indica alguns aspectos fundamentais para a compreensão da importância da ação motriz como meio de construir os esquemas que proporcionarão condições para construções posteriores. Desde pequenas (entre 0 e 2 anos), as crianças estruturam sua bagagem cognitiva agindo sobre os objetos de conhecimento; assim, nesta etapa, a forma prioritária de apropriação da realidade exterior se dá por meio da ação.

Em Vygotsky (1989), esta ação assim se configura:

> a atividade do sujeito é um importante aspecto da formação da consciência, admitindo igualmente que a imaginação, como todas as funções da consciência, surge originalmente da ação. (p. 46)

VYGOTSKY valoriza, essencialmente, a interação do sujeito com o seu meio cultural, acreditando que é a ação deste que determina a formação das funções psicológicas superiores, como a atenção, a memória, a linguagem etc.

WALLON (1966) atribuiu especial atenção à sensório-motricidade, ao afirmar que "o espaço motor e o espaço mental se supõem de tal maneira que a perturbação de arrumar os objetos no espaço se associa a de ordenar as palavras na frase"(p. 147).

Os autores supracitados aproximam de forma incontestável a idéia de ação motora como suporte para o desenvolvimento cognitivo. Logo, a possibilidade de organizar a fala, em conseqüência, o pensamento, coincidirá com a habilidade de movimentar-se em um dado espaço. Especificamente, WALLON abordou a questão do movimento como precursor do pensamento, estudando crianças que, impossibilitadas na sua ação, não alcançaram níveis satisfatórios de raciocínio lógico ou, se o fizeram, isso se deu parcialmente, ao elaborar representações mentais menos sofisticadas.

Para FERREIRO e TEBEROSKY (1986),

> o homem se assume, cria e constrói o
> conhecimento em função de um meio que,
> ao longo da vida, lhe impõe necessidades,
> motivações, interesses e conflitos. É nessa
> dinâmica que as conquistas humanas devem
> ser entendidas e respeitadas. (p. 14)

As autoras, como se pode notar, apontam a relevância da aprendizagem com significado, isto é, algo que se encontra disponível no universo cultural da criança. Segundo suas posições, as possibilidades de aprender algo serão potencializadas se o que há para ser aprendido aproximar-se do que já foi internalizado pelo aprendiz. Portanto, o professor, na sua tarefa pedagógica, será melhor sucedido caso a temática abordada se aproxime do universo infantil já disponível para a criança.

Temos aqui um elemento de fundamental importância para o trabalho com a cultura de movimentos na Educação Infantil e nas séries iniciais do Ensino Fundamental, considerando que, nesta faixa etária, a motricidade é uma forma de expressão bastante utilizada e, conforme WALLON (1966), as ações motoras infantis encontram-se "contagiadas" pela emoção. Assim, qualquer proposta motora, desde que lúdica e significativa, desencadeia interjeições de alegria e contentamento entre as crianças. Para elas, as brincadeiras congregam as necessidades, os interesses e as motivações, cabendo ao professor melhor conduzi-las para que possam reverter em atividades que proporcionem atitudes positivas, bem-estar e crescimento.

Pode-se, então, estabelecer o seguinte raciocínio: sendo o movimento voluntário o foco das atividades proporcionadas nas aulas de Educação Física, a escolha do conteúdo deverá privilegiar, basicamente, elementos significativos para o grupo, preferivelmente atividades que pertençam ao universo cultural da maioria das crianças. Neste sentido, os Parâmetros Curriculares Nacionais de Educação Física (BRASIL, 1997) sugerem, como um dos critérios para a seleção de conteúdos, a relevância social.

Partindo de algo já conhecido e por meio dos novos desafios, que surgirão pela própria atividade ou pelo professor, desencadeiam-se necessidades de ajustes e adaptações, levando o grupo a agir em busca do equilíbrio. Desta forma, a metodologia de ensino empregada conduzirá os alunos à superação de conflitos (grupais ou individuais). Tal superação proporcionará acomodações cognitivas, motoras ou sócio-afetivas cada vez mais exigentes. É o caso de oferecer situações-problema por meio de questionamentos (Vamos ver qual grupo consegue alcançar o outro lado do pátio sem que o colega que vocês estão transportando toque o solo? Vocês são capazes de organizar uma coreografia para este ritmo tocado no pandeiro? Por que não experimentam?) ou propor jogos que, em si (pelo desafio motor, cognitivo, social), já sugerem situações-problema a serem superadas.

Portanto, a aula de Educação Física deve escapar da mera repetição de movimentos tidos como ideais ou "adequados". Os movimentos, na medida do possível, poderão ser descobertos pela criança que, buscando superar um desafio inicial (que pode ser atingir um alvo, tocar no colega, derrubar uma lata), irá, dia após dia, superando seus limites anteriores e estabelecendo novas formas de conduta que, queiramos ou não, não são inatas, constituem-se em transformações dos conhecimentos anteriores da criança.

Um segundo critério a ser considerado para organizar as atividades pedagógicas constitui-se na função psicomotora que determinada atividade poderá estimular.

Entendemos como função psicomotora as estruturas cognitivas utilizadas para solucionar problemas por meio de ações motrizes. Contudo, apesar de presentes em diversas situações cotidianas, ao pensarmos em possibilidades pedagógicas, logo advêm os questionamentos: Como inseri-las nas aulas? Que espécie de trabalho pode ser desenvolvido com as crianças pequenas?

A Reforma Curricular Espanhola da Educação, que, de certo modo, inspirou a Reforma Brasileira, aponta as três áreas de estudo a serem aprofundadas entre a faixa etária de 4 a 8 anos: Identidade e Autonomia; Meio físico e Social e Comunicação e Representação, ou seja, o conhecimento de si; o conhecimento do meio e o conhecimento das nossas relações com o meio. Estas áreas, na nossa compreensão, abrangem todos os componentes curriculares – Língua Portuguesa, Matemática, Ciências, Geografia etc.

Para aproximar as relações entre estas diferentes áreas do conhecimento e a relação delas com o que é próprio deste trabalho, valorizamos as colocações de COLELLO (1990):

> Consideramos a motricidade, a linguagem e a linguagem escrita como formas de expressão, ação e comunicação que funcionam como evidência de equilíbrio afetivo e inteligência. O desenvolvimento destas formas de manifestação humana se explica a partir da interação do ser com o mundo. A evolução das faculdades perceptivo-motoras, trazendo consigo a possibilidade de agir sobre o mundo é o motor do desenvolvimento infantil. Como poderia uma criança ler e escrever sem antes conhecer o mundo e sentir necessidade de se relacionar com os outros? (p. 5)

O que COLELLO ressalta é a estreita relação entre as funções psicomotoras e os valorizados componentes de ordem "cognitiva". Para alfabetizar-se, adquirir o raciocínio lógico-matemático ou apreender qualquer outra espécie de conteúdo, o caminho obrigatório é a passagem pelo movimento, por constituir-se na raiz de toda construção de conhecimentos. Uma visão elaborada de nós mesmos, uma compreensão do mundo que nos cerca e uma sintonia com este mundo configuram os alicerces para aquisições futuras.

No que diz respeito à especificidade do trabalho psicomotor, podemos inferir como conhecimento de si o Esquema Corporal; como conhecimento do meio, a Estruturação Espacial; e como conhecimento das relações com o meio, a Orientação Temporal. Estes conceitos, de forma sintética, serão explicitados a seguir.

1.1 Esquema Corporal

Segundo WALLON (1966), esquema corporal é o elemento básico indispensável para a formação da personalidade da criança. É a representação relativamente global, científica e diferenciada que a criança tem do seu próprio corpo. Detenhamo-nos, por um momento, na questão da personalidade. O leitor poderá perguntar: "Qual a relação entre movimento e personalidade?". O movimento como forma de expressão, segundo GALLAHUE e OZMUN (2005), encontra-se intimamente ligado à personalidade. O que somos nada mais é do que o fruto de todas as experiências vividas, tanto as positivas quanto as negativas. Portanto, a ação sobre o meio e a nossa percepção sobre os resultados desta ação poderão influenciar a forma de ser, o caráter da criança.

Consciente disso, qualquer educador sentirá o "peso da responsabilidade" ao elaborar atividades pedagógicas para seus alunos. Proporcionar um máximo de experiências positivas, possibilitando a criação de um saldo positivo com referência a elas, constitui-se, antes de tudo, em uma obrigação. Apresentar uma tarefa difícil demais ou oferecer uma vivência que impeça o aluno de experimentar um *feedback* positivo caminham na direção contrária à estruturação de um eficaz esquema corporal.

Recordamos com tristeza a tradicional maneira para divisão de equipes durante as aulas de Educação Física, quando dois alunos, comumente os mais habilidosos, escolhem um a um os colegas para a formação dos times. Podemos identificar nesta situação a composição por ordem decrescente de "bons jogadores", sendo que os últimos a serem escolhidos ficam sempre aguardando seu momento de jogar, quando não formam o grupo que "joga depois".

Pense nestas crianças, na conflituosa relação que estabelecem com o jogo, o brinquedo, o movimento, a aula de Educação Física. Ficando uma, duas, três vezes para o próximo jogo, terminarão excluídas da aula, da oportunidade de jogar (muitas vezes por auto-exclusão). Diminuídas as suas chances de experimentar e aprender, e persistindo esta situação, os mais habilidosos serão cada vez mais habilidosos e os menos hábeis permanecerão excluídos. E como fica a auto-imagem, a possibilidade de enfrentamento, a coragem, a personalidade desses que "simplesmente" tiveram poucas chances? Talvez, esta postura os ensine a ficar de fora, a não enfrentar, a sobrar.

O esquema corporal é composto por cinco conceitos:

1.1.1 Estrutura Corporal

Por Estrutura Corporal, entendemos a nomenclatura e localização das partes do corpo. Um trabalho voltado para a estrutura corporal possibilitará à criança o conhecimento das diferentes partes do próprio corpo e dos outros. O conhecimento da estrutura corporal pretende proporcionar, por exemplo, a construção de uma imagem corporal mais próxima à realidade.

1.1.2 Ajuste Postural

Ajuste Postural é o posicionamento do corpo estático ou em movimento. Durante as atividades de Educação Física, a criança se encontra na maior parte do tempo em pé. Correndo, saltando, parada ou em movimento, essa é a posição mais explorada. A insistência nesse posicionamento poderá desencadear certas conseqüências devido ao constante esforço de resistência à força da gravidade (a manutenção de determinados grupos musculares em ininterrupta contração, enquanto outros quase não são solicitados), configurando um quadro de desequilíbrio de forças e podendo contribuir para o agravamento de uma debilidade postural.

Entretanto, através das atividades motoras, podemos experimentar inúmeras posições: deitado (decúbito dorsal, ventral ou lateral), sentado, inclinado (para a esquerda ou para a direita), invertido, equilíbrio em um dos pés etc. Brincando, correndo, rolando, deitando, sentando ou se pendurando, a criança fortalecerá, de forma equilibrada, todo o aparelho locomotor, evitando priorizar alguns grupos em detrimento de outros.

Ainda, a vivência dos diversos posicionamentos acentuará a compreensão global do corpo, estabelecendo o que denominamos Consciência Corporal – a noção de localização das partes do corpo durante a execução de um movimento.

O trabalho, neste sentido, possibilitará aos pequenos:
- → experimentar e tomar consciência das diferentes posições corporais,
- → tomar conhecimento da mobilidade do eixo corporal; e
- → desenvolver a musculatura equilibradamente.

1.1.3 Respiração

Respiração é o fenômeno que possibilita a troca gasosa, eliminando as substâncias nocivas ao corpo e renovando o ciclo energético.

Ao abordar este componente do Esquema Corporal, ressaltamos o quão valorizado é o ato de respirar nas culturas orientais, nas quais o domínio sobre este fenômeno atinge níveis extremamente sofisticados.

Contudo, no ocidente, não guardamos estes valores, o que pode ser percebido pela quantidade crescente de crianças que sofrem de doenças respiratórias, como bronquite e asma e, comumente, são tratadas com medicamentos, sem atentar às possibilidades de uma educação respiratória.

A respiração liga-se intimamente à atenção. Sabe-se o quanto é difícil a concentração em qualquer atividade quando estamos fortemente resfriados. Assim, para as crianças com dificuldades respiratórias, torna-se difícil prestar atenção às atividades escolares. A respiração predominantemente bucal, para aqueles que mantêm as vias nasais congestionadas, traz uma situação de intenso mal-estar, sem falar nas seqüelas para a oralidade.

Para estas crianças, as atividades motoras, as brincadeiras e os jogos deveriam ser estimulados, a fim de melhorar suas condições respiratórias. É necessário, no entanto, precaver-se sobre as condições de realização das práticas. Existem algumas limitações para atividades físicas quando as crianças são sensíveis a determinados microorganismos presentes, principalmente em recintos empoeirados e fechados, colchões, sacos de estopa etc. Como os locais onde os jogos acontecem são, normalmente, pátios abertos, não há razão para o afastamento das crianças das aulas.

Neste item, as atividades poderão proporcionar o conhecimento das vias respiratórias (nasal e bucal) e todas as suas possibilidades; dos tipos de respiração (torácica e abdominal); e das fases da respiração (inspiração, apnéia e expiração).

1.1.4 Relaxamento

Embora o termo "relaxamento" nos leve a imaginar as crianças deitadas, a sala com pouca luz e uma melodia tranqüilizadora servindo como fundo musical, utilizamos o termo relaxamento em outro sentido. Ocasionalmente, atividades assim podem ser utilizadas visando um trabalho de conscientização, apesar da dificuldade de efetivação de uma prática nestes moldes com trinta e cinco crianças e pouco espaço. A Educação pelo Movimento concebe relaxamento como a capacidade de descontração da musculatura voluntária. Algumas crianças que contraem exaustivamente os músculos dos seus segmentos, quando a atividade, na verdade, solicita apenas uma leve contração (correr, escrever, pegar, empurrar), mostram pouco controle sobre suas ações, e o oposto também ocorre, quando executam movimentos que implicariam grandes contrações (atividades que requerem força ou paralisação), fazem uso de contrações insuficientes. Em tais casos, estas crianças demonstram pouco conhecimento (experiência) sobre como relaxar.

O lidar com os instrumentos sofisticados (para elas), como tesoura, lápis, canetas e giz de cera, envolve uma considerável parcela do sistema nervoso e suas irradiações. A falta de vivências corporais globais trará o desconhecimento da possibilidade de relaxar os grupos que não estão sendo solicitados. Logo, a criança imprimirá demasiada força no ato de escrever, agarrar-se-á com a mão livre à mesa, inclinará a cabeça e colocará a língua de fora. Imagine-se escrevendo nesta posição e com este grande gasto de energia. Que espécie de relação as pessoas com tais atitudes poderão estabelecer com as práticas escolares, sobretudo, aquelas que requerem a alternância de contrações e descontrações, como a escrita, o recorte e a colagem.

Um trabalho de relaxamento envolveria os seguintes aspectos:
→ realizar movimentos com variadas velocidades e contrações musculares de diferentes intensidades;
→ passar do repouso à ação rápida e vice-versa;
→ dissociar segmentos.

1.1.5 Lateralidade

Com o passar do tempo, a lateralidade assumiu um papel de destaque no interior das discussões sobre o processo de alfabetização. Podemos sublinhar aqui a atenção dedicada a este aspecto desde a Educação Infantil. Pais e professores permanecem preocupados com as ações manuais dos seus filhos e alunos, mantendo-se atentos às preferências laterais e, mais ainda, às alternâncias que os pequenos demonstram. Durante a infância, as crianças enfrentam uma quantidade enorme de dificuldades e, não raro, desenvolvem amplo repertório de experiências, no que se refere à sua opção pelo lado dominante.

É muito comum encontrarmos crianças que fazem pontaria com o olho esquerdo, arremessam a bola com a mão esquerda, chutam com o pé esquerdo e somente escrevem com a mão direita. Por vezes, ao analisarmos as ações que elas realizam durante a escrita, notam-se as dificuldades com as quais lidam: desde a posição do caderno e da mão até o espelhamento das letras e as dificuldades de orientação nas linhas e folhas.

O leitor poderá perguntar-se: De onde vem o domínio lateral? Qual a razão da predominância de pessoas destras? Como agir diante das alternâncias laterais?

A lateralidade consiste na dominância dos segmentos de um lado do corpo em relação ao outro; tanto no que se refere à força quanto à precisão na execução das mais diversas habilidades, como chutar uma bola, utilizar os talheres etc.

Cada programa motor estabelecido (sistemas de movimentos coordenados em função de um resultado ou de uma intenção) é fruto de aprendizagens anteriores configuradas a partir dos movimentos reflexos, o que permitiu a formação de estruturas por meio de ligações entre as células. Encontramos duas explicações para o fato: a preponderância genética de um lado do corpo e as experiências culturais. Assim, ou nascemos com mais condições de sermos destros ou canhotos, ou o ambiente nos influencia. Muitos autores defendem a interação entre estas duas possibilidades como a explicação mais viável para a lateralidade. A primeira determinará maior quantidade de estruturas nervosas em um dos hemisférios cerebrais, conseqüentemente, o hemisfério com maior potencial possibilitará uma movimentação mais eficaz no que se refere a um dos lados do corpo.

Contudo, HERTZ (citado por DAOLIO, 1995), em seu estudo "Predominância da mão direita: um estudo sobre a polaridade religiosa", fornece-nos a tese que sustenta a abordagem cultural: a influência que a formação do sistema educacional ocidental (de cunho jesuítico) teve inclinação a favor do uso do lado direito do corpo. Ele reconhece que a causa orgânica da maior habilidade da mão direita é o desenvolvimento do lado esquerdo do cérebro, mas acredita que tal explicação não dá conta da quase absoluta preferência pela mão direita. Dessa forma, fatores culturais acentuam esta pequena diferença orgânica. O autor cita vários exemplos desta preferência cultural ligados à religião, à sexualidade, aos mitos, entre eles, à associação que as palavras "direita" e "esquerda" têm em várias culturas com valores e posições consideradas positivas no primeiro caso e negativas no segundo.

A partir dessas explicações, entendemos que o professor ou professora deve preocupar-se, principalmente, com as conseqüências que as atividades pedagógicas que prestigiem apenas uma opção lateral podem trazer às crianças. Atualmente, permitimos que a escrita inicial da criança seja "do seu jeito", isto é, que ela experimente a forma como se sente melhor. Esta postura possibilita, com freqüência, uma expressão mais livre e uma série de espelhamentos de letras e números. Tal fato conduz os educadores a um certo "desespero". Precisamos nos recordar que as experiências são necessárias e que, com uma atenção cuidadosa sobre elas, o educador deixará um espaço para a melhor opção, ou seja, aquela com a qual a criança se sinta mais à vontade.

Esquecer-se de como se escreve o número 5 ou a letra B é algo absolutamente comum. Convém oferecer referenciais, por exemplo, pedir para a criança observar melhor para que lado está a "barriguinha". Assim, lentamente, elas construirão suas escritas, pouco importando a mão que utilizem para segurar o lápis. Uma postura semelhante é aconselhada no caso de quicar, arremessar ou chutar a bola, pegar os talheres etc.

Presenciamos, em nossa vivência como alfabetizadores, crianças que iniciavam suas produções escritas pelo lado direito da folha e seguiam escrevendo no sentido direita-esquerda até o final, espelhando todas as letras. Estas crianças eram aquelas que faziam uso da mão direita somente por ocasião da escrita, nas outras atividades, escolares ou não, utilizavam-se dos segmentos do lado esquerdo. Pensamos nas dificuldades enfrentadas por estas crianças, no sofrimento cotidiano de estarem obrigadas a trabalhar assim. Infelizmente, a precocidade com a qual a sociedade impõe certas escolhas determina, muitas vezes, conseqüências terríveis para os educandos.

Desta forma, o sentido da nossa proposta é possibilitar à criança a escolha pela lateralidade; é ela, e mais ninguém, que deve decidir e utilizar seus segmentos do lado esquerdo ou direito. Destacamos, também, a importância de, no caso de habilidades unilaterais (arremessos, por exemplo), oferecer múltiplas oportunidades diversificando os "lados".

Nesse sentido, as atividades motoras permitirão:
- → fixar a dominância de um segmento sobre o outro, mediante um máximo de vivências motoras;
- → tomar consciência da simetria corporal;
- → experimentar ao máximo os movimentos que requerem o uso diferenciado de um lado e do outro do corpo;
- → movimentar os segmentos independentemente;
- → fixar a lateralidade já definida;
- → aprimorar os movimentos dos segmentos dominantes.

1.2 Estruturação Espacial

O conhecimento do meio físico e social, na perspectiva da Educação pelo Movimento, pode ser desenvolvido por meio de determinadas atividades motoras. Esta função psicomotora denominamos Estruturação Espacial.

As aulas de Educação Física apresentam-se como momentos privilegiados para propiciar aos educandos uma real exploração do espaço em que vivem. Todos nós assistimos a uma mistura de emoção e euforia durante o recreio dos pequenos ou quando são convidados a fazer uma atividade no pátio. As crianças saem correndo e permanecem assim por alguns minutos. Neste momento, percebemos o quão valiosa e significativa é esta experiência, quando as crianças exploram aquele espaço maior, de forma tão intensa.

Cabe ressaltar que, freqüentemente, este impulso é o causador de alguns acidentes. Motivada pela "liberdade" e pelo desconhecimento dos próprios limites de utilização dos seus movimentos, esta exploração livre termina por ocasionar pequenos choques durante a corrida em diversas direções.

Esta relação integral com o entorno se dá a todo o momento. Podemos citar, por exemplo, o diminuto espaço que a criança tem que utilizar ao escrever sobre uma folha de papel. Houve época em que esta ação se dava mediante o condicionamento dos cadernos de caligrafia ou o preenchimento dos pontilhados.

Propomos uma relação de outra categoria, em outro sentido. Como desejamos que o nosso aluno estruture a sua ação motora (sim, porque escrever é uma ação motora que envolve músculos, tendões, ligamentos, sistema nervoso, força, precisão etc.) neste pequenino espaço – folha de papel – se ele não viveu a estruturação do espaço na quadra, no pátio, no campo? E o que dizer da dificuldade que, mesmo os adultos, enfrentam para encontrar-se e orientar-se em mapas de qualquer espéciel? Os PCN sugerem, nos saberes da Geografia, conteúdos relacionados à alfabetização cartográfica. Esta proposta aponta relações entre este conteúdo e os conhecimentos anteriores que a criança possui sobre o espaço. Destacamos, então, a interação entre as ações motoras e a construção das noções espaciais, desde a percepção de diferentes distâncias até as direções e o posicionamento de cada indivíduo no espaço da sala, da quadra, de casa, da escola etc.

É bem comum, por exemplo, observarmos o professor de Educação Física enfrentando estas dificuldades ao "tentar ensinar" uma modalidade esportiva coletiva às crianças que ainda não estruturaram estas noções. A alternativa, tantas vezes utilizada, é a orientação verbal: "Espalhem-se, cada um em uma posição. Goleiro é no meio do gol. Entra embaixo da bola. Não fique em cima da risca". As crianças "precocemente esportivizadas", por mais inocentes que possam parecer, não conseguem distribuir-se de forma eqüidistante em uma área limitada; permanecem juntas na maioria dos casos, posicionando-se de forma inadequada, separando as referências esportivas, no gol, em relação à bola, aos colegas etc.

Assim, ao invés de orientá-las de forma condutista, o professor poderá elaborar atividades que proporcionem a construção das noções espaciais por meio de jogos ou outras atividades de exploração e desafios envolvendo a estruturação espacial, afinal, na Educação pelo Movimento, a forma pela qual os alunos conhecem o espaço se dá por meio de situações nas quais estes saberes sejam mobilizados.

Desta forma, definimos como Estruturação Espacial a tomada de consciência do seu corpo em um dado ambiente, isto é, do lugar e da orientação que se pode ter em relação às pessoas e coisas. A estruturação espacial possibilita à criança organizar-se diante do mundo que a cerca, organizar os objetos entre si, movimentá-los e colocá-los em determinado lugar.

São objetivos das atividades que proporcionam o conhecimento da Estruturação Espacial:
→ tomar consciência do espaço em que se vive;
→ perceber o solo como ponto de apoio;
→ perceber a medida e a forma dos espaços percorridos;
→ adquirir a noção de direção e localização espacial;
→ conseguir localizar-se dentro e fora de um espaço limitado;
→ observar o tempo de duração de um espaço percorrido;
→ perceber a direção de um espaço percorrido.

1.3 Orientação Temporal

Como conhecimento das relações com o meio, no que diz respeito à área de comunicação e expressão, entendemos ser a Orientação Temporal um dos elementos fundamentais para o qual as atividades motoras têm muito a colaborar. Todas as ações se dão em determinado tempo. Portanto, um melhor conhecimento desta orientação assume importante papel na estruturação cognitiva dos seres humanos.

Com a intenção de destacar a Orientação Temporal, podemos citar ações cotidianas como atravessar uma rua de tráfego intenso, aparar uma bola em movimento, pular corda, dançar etc.

    É fácil perceber que este conhecimento estrutura-se ao longo dos primeiros anos de vida, coincidindo, na maioria das vezes, com a maturação neurológica da criança; basta observar uma criança e perceber suas dificuldades para "calcular o tempo" nas ações ritmadas, quando bate palmas, dança etc.

    A criança, até os seis anos, enfrenta sérias dificuldades no cálculo do tempo das trajetórias dos elementos; ao tentar receber uma bola que percorre uma trajetória no ar, por exemplo, os pequenos, freqüentemente, fecham as mãos e braços após a passagem do elemento, sem conseguir agarrá-lo. É bem comum ouvirmos delas as seguintes questões: Amanhã é o meu aniversário? Amanhã estou de férias? Falta muito tempo para o Natal? Portanto, ao lidarmos com crianças que possuem conhecimentos tão estreitos em relação aos fenômenos temporais, a elaboração de atividades que exijam o emprego de cálculos sofisticados ou antecipação das transformações da matéria constituem-se em desafios além das suas possibilidades.

    Desnecessário dizer, no entanto, que somente a maturação não garante tal conquista. A oportunidade de experimentar situações onde as crianças, gradativamente, sejam submetidas a exigências temporais criará as condições necessárias para a aprendizagem destas relações.

    O movimento se dá através de um tempo. Tem um começo, um meio e um fim. Um antes e um depois. A criança, ao executar ações motoras, compara suas previsões e expectativas com os resultados dos seus atos, relacionando duração, distribuição dos componentes ao longo de um período de tempo e ritmo de execução. Ao estabelecer um plano de ação e executá-lo, a criança se depara com a necessidade de organizar-se, respeitando a seqüência de ações e ajustando-as ao ambiente que, com freqüência, transforma-se (como no jogo do pega-pega, do pular corda, do bater palmas ao acompanhar uma música etc.). A distribuição inadequada das ações acarretará no insucesso da ação (não perceber o afastamento dos colegas e modificar a trajetória da corrida, não identificar o momento adequado de saltar a corda em movimento ou acompanhar a estrutura rítmica). Assim, desde muito cedo, a criança elabora complicados cálculos, a fim de resolver os problemas temporais provocados pelas atividades das quais participa.

O tempo possui os aspectos qualitativo (o que vem primeiro, segundo, terceiro etc.) e quantitativo (quanto dura cada ação), e o ritmo é a base da experiência temporal. A criança fundamentará sua organização temporal na percepção da ordenação e duração.

Dado o papel de destaque do ritmo como componente das ações sobre o ambiente, as manifestações da cultura corporal que impliquem na utilização de movimentações de acordo com estruturas rítmicas (cantigas de roda, danças, ladainhas etc.) podem ser enfatizadas em todos os níveis da escolarização.

Desta forma, o desenvolvimento da Orientação Temporal deve objetivar a:
→ aquisição de noções do antes, durante, agora, depois, primeiro, último;

→ aquisição de noções de simultaneidade e sucessão;
→ percepção de duração;
→ percepção de pausa e sua duração;
→ apreciação de estruturas rítmicas e apreciação de velocidades e aceleração.

1.4 Critérios para Seleção dos Conteúdos

Certamente, ao elaborar um plano de aulas para Educação Física Infantil, a primeira preocupação do educador é a eleição dos fatores que deverá levar em conta para o sucesso da sua tarefa. Os Parâmetros Curriculares Nacionais do componente (BRASIL, 1997) nos inspiram a atentar para as características dos alunos, a relevância social e a característica da área. Portanto, cabe especial atenção para a observação atenta não só dos aspectos cognitivos, afetivo-sociais e psicomotores do educando, como também do patrimônio cultural ao qual ele tem acesso como ponto de partida para elaboração de uma proposta de atividades. Tomando por base este raciocínio, entendemos que uma visão geral sobre algumas teorias que permitam estabelecer certas características das faixas etárias pode ajudar nesta tarefa, sem, no entanto, limitarmo-nos a elas.

O quadro a seguir poderá fornecer os elementos básicos para esta análise:

QUADRO 1 - Visão geral sobre as características das faixas etárias

Faixa Etária	Sócio-afetivo (Wallon)	Cognitivo (Piaget)	Motor (Vayer)
3 a 6 anos	Crise da oposição e inibição, aquisição da consciência do eu, narcisismo, egocentrismo, auto-admiração, imitação, inserido no contexto familiar	Fase pré-conceitual, aquisição da função simbólica, pensamento irreversível, os estados são resultantes de transformações incoerentes	Através da ação, melhora e precisão e coordenação de movimentos, utilização cada vez mais diferenciada e precisa dos seus segmentos
7 a 10 anos	Personalidade polivalente, ajustamento da conduta às circunstâncias, consciência, mais preciso e completo de si	Progressiva descentralização, coordenação interiorizada dos esquemas de ação, operações simples e concretas	Associa as sensações motoras aos outros sentidos, controla respiração e postura, afirma a lateralidade, possibilidade de relaxamento, independência de segmentos, transporta o conhecimento de si aos outros.
11 anos em diante	Extrema valorização do grupo, conhecimento incompleto do seu potencial, período da testagem	Surgimento do pensamento lógico e dedutivo	Movimento corporal mais preciso e rítmico, consciente das próprias possibilidades e das possibilidades alheias

2

A EDUCAÇÃO FÍSICA INFANTIL EM UMA PERSPECTIVA CONSTRUTIVISTA

Neste capítulo, a preocupação é estudar a forma pela qual a criança aprende, ou seja, como constrói seus conhecimentos. Para tanto, encontramos em MACEDO (1994, p. 7-10) uma interessante analogia entre a mitologia grega e o processo de aprendizagem.

Qual Hefesto e Afrodite?

> Diz a lenda que Afrodite, a mulher mais bela entre todas, tinha como única função, espalhar a todos os homens o seu amor e a sua beleza e garantir que ninguém o fizesse melhor que ela. Hefesto, seu marido e por ela apaixonado, sofria em demasia com essa situação. Piorando o quadro, Hefesto era extremamente feio, coxo e desajeitado. Entretanto, os deuses, compadecidos com a sua situação, concederam-lhe o dom de esculpir. Assim, entre todos os homens, era Hefesto o maior dos artistas e trabalhava sobre a pedra como ninguém.

Hefesto, que acima de tudo queria Afrodite para si, construiu uma rede pensando que com ela conseguiria reter a amada somente para si. Deu-se que, ao avistar o amor da sua vida, Hefesto corria e atirava-lhe a rede sobre a cabeça. Afrodite, esperta e fugidia, escapava e partia em busca de mais um romance. Contudo, esses poucos segundos eram suficientes para que Hefesto a admirasse e assimilasse alguns dos componentes das suas formas, da sua beleza. Os detalhes vistos eram suficientes para que Hefesto, de posse da talhadeira e da marreta, trabalhasse sobre a pedra bruta. Muitas vezes, isso aconteceu, no momento do trabalho ele esquecia algum detalhe, alguma forma. Novamente procurava Afrodite e voltava a jogar a rede, partia outra vez em direção à sua obra até vê-la concluída. Por fim, Hefesto possuía uma Afrodite só para ele, por ele inventada, uma representação.

Este mito, tomado num sentido analógico, oferece-nos uma clara explicação do processo de aprendizagem da criança e vai além do homem. Hefesto é a nossa criança que, coxa e desajeitada, entra na escola (aproximadamente aos 4 anos) mal dominando os instrumentos necessários para a vida naquela poderosa instituição: leitura, escrita, raciocínio, jogo. Afrodite é o conhecimento que a criança se esforça em apreender, atirando sobre a Matemática, a Geografia, a Língua Portuguesa etc. pequenas redes, com o intuito de aproximar-se delas.

Os extensos trabalhos da Psicologia da Aprendizagem, mais especificamente sobre a Epistemologia Genética,[1] alertam-nos sobre as formas pelas quais as crianças aprendem e como elas, e ninguém por elas, constroem "seu próprio" conhecimento. Desconsiderando as conquistas científicas, muitos professores, segundo BECKER (2003), parecem professar uma epistemologia empirista. Nesta ótica, os conhecimentos acontecem como cópia direta dos estímulos proporcionados pelo ambiente, pela fala, pela demonstração, pela explicação etc.

Entretanto, a concepção construtivista nos oferece outra explicação para a aprendizagem: fazer de outro modo, encontrar uma solução diferente para uma tarefa difícil, combinar coisas conhecidas, ousar, ir além dos limites, aprender sofrendo os desafios dessa travessia são as condições necessárias para aprisionar, por meio dos esquemas de ações pré-existentes no aprendiz, aquilo que corresponde ao que é próprio de um objeto a ser conhecido.

Nesta perspectiva, a aprendizagem é sempre ativa, ocorre na ação do sujeito que aprende sobre os conhecimentos novos e, nesta ação, mobiliza os saberes que possui sobre o que há para ser conhecido. Agir, neste sentido, significa empregar as estruturas adquiridas, para entender o que delas se difere, isto é, o que ainda não foi assimilado.

Contudo, na Epistemologia Construtivista, "ação" não se limita ao movimento. Se assim fosse, todos

---

[1] Teoria do conhecimento elaborada por JEAN PIAGET.

aprenderiam muito nas atividades motoras. Mesmo nas atividades que empregam movimento, o que há para ser conhecido é explicado (dado) pelo educador por meio de demonstrações e pela linguagem, inibindo, conseqüentemente, a experimentação, isto é, a mobilização de conhecimentos, dos educandos. Ao proporcionar uma atividade que apresente um novo conhecimento (que pode ser uma regra, uma nova relação com os materiais, uma posição corporal diferente), é comum as crianças enfrentarem pequenos fracassos. Isso se explica justamente pela incapacidade de resolver questões novas com saberes antigos. Aqui, o educador experimenta uma situação pedagógica em toda sua plenitude, os encaminhamentos adotados poderão ou não proporcionar verdadeiras construções.

Se as intervenções estimularem as crianças a experimentarem todas as formas de resolver o problema e socializarem suas descobertas, nela identificaremos uma situação construtiva. Contudo, muitas vezes, a vontade de ensinar ou o compromisso com desempenhos satisfatórios empurra o professor para uma ação de ensino, isto é, a explicação, a correção e o modelo. Constata-se então, uma ação que impedirá o entendimento, a experiência e a verdadeira construção de saberes dos educandos.

A construção do conhecimento da criança, explicada por MACEDO (1994), oferece-nos as seguintes etapas:

- Imitar, mesmo que parcialmente, algo próprio do objeto do conhecimento

Neste caso, imitar para a criança é representar, segundo sua compreensão, as ações que julga serem adequadas para o entendimento do novo conhecimento. Crianças que ainda não sabem jogar damas, por exemplo, acreditam que o jogo se dá, simplesmente, ao movimentarem as peças, sem que seja necessária uma organização específica. A imitação consiste, neste sentido, em reproduzir ações que já foram interiorizadas pela criança.

- Criar novos significados para os objetos de que dispõe

É impossível construir um conhecimento absolutamente novo sem que a criança tenha adquirido anteriormente esquemas semelhantes. O que surge de novo é resultado de transformações do que já foi internalizado. Hefesto só foi capaz de elaborar a representação sobre Afrodite porque dominava o manuseio das ferramentas para esculpir. De forma semelhante, a criança constrói novos conhecimentos ao empregar os antigos nas novas situações. Os saberes que possui sobre os jogos, por exemplo, são empregados no desafio novo de aprender o jogo de damas. Assim, mesmo imitando seus colegas mais velhos, a criança poderá perceber que, para jogar, será necessário outro colega (fato comum à maioria dos jogos), que cada jogada se dá à sua vez, que haverá um vencedor etc. Todos estes conhecimentos anteriores vêm à tona quando ela se depara com uma nova situação.

Portanto, o educador que adotar tal concepção de aprendizagem deverá identificar inicialmente os saberes que as crianças já possuem sobre jogos de tabuleiro, para, só então, apresentar uma nova situação didática.

- Elaborar a representação

Frente ao novo conhecimento e após reorganizar os elementos dos quais dispunha para compreender o que se oferece como incompreensível, o sujeito elabora uma nova representação, tornando possível apreender o novo. Diz-se, por isso, que o jogo de damas, antes "incompreendido", passa a compor os conhecimentos do sujeito, mas da forma que lhe é capaz, ou seja, elabora sua própria representação do conhecimento.

2.1 Construção

A construção do conhecimento, como se pode notar, não acontece de imediato. Alguns fatores são necessários para que a trajetória descrita acima seja percorrida satisfatoriamente. Como já foi dito, existem fatores que determinam a construção. Entre eles, estão a maturação, a experiência, a interação e a equilibração.

2.1.1 Maturação Biológica

Entendemos a maturação como conseqüência da passagem do tempo. O sistema nervoso no momento do nascimento se apresenta indefinido. São necessários alguns anos para que ele apresente as condições necessárias para atuar na sua melhor maneira. Em diversas obras, PIAGET (1975, 1977, 1985 e 1994) explicou que problemas semelhantes são resolvidos diferentemente à medida que o sujeito amadurece. Este componente, no entanto, articula-se aos demais para que sejam identificadas transformações na sua forma de proceder, isto é, nas representações que lhe permitem operar sobre as coisas do mundo.

Este processo é facilmente identificado quando observamos os movimentos do bebê e da criança na Educação Infantil e no Ensino Fundamental. Enquanto o primeiro apresenta movimentos reflexos, verificamos uma considerável transformação com o passar do tempo, sobretudo no que se refere à aquisição de um maior controle sobre os movimentos, o que lhe garante a possibilidade de realizar ações fundamentais, como andar, correr e saltar. No estágio posterior, o mesmo sujeito torna-se capaz – pela articulação entre as diversas condições – de construir conhecimentos e combinar os movimentos fundamentais, o que lhe proporciona as estruturas necessárias para a participação de tarefas mais sofisticadas.

2.1.2 Experiência

Ao longo de sua produção, PIAGET apontou, em diversas ocasiões, o papel relevante das experiências na construção do conhecimento pelos sujeitos. Não fosse essa uma condição primordial, todos nós aprenderíamos a nadar apenas assistindo a vídeos de natação. Embora as imagens já se constituam em experiências importantes, sabemos que somente elas não nos permitem a aprendizagem do nado. Assim, não se pode aprender a raciocinar se não raciocinarmos, a cantar se não cantarmos etc. Os estudos de FERREIRO e TEBEROSKY (1986), por exemplo, identificaram a forte influência que um ambiente letrado desencadeia na aprendizagem da linguagem escrita. E, de várias formas, todos experimentam este conceito em diversas ocasiões no decorrer da vida.

Especificamente sobre a motricidade, podemos dizer que, articulada à maturação, a experiência chega a ser determinante para a aprendizagem. As crianças que desfrutam de uma infância livre e solta, longe dos apertados apartamentos, terminam por construir um amplo repertório de movimentos. Este dado nos permite inferir que, sempre que possível, as atividades propostas pelos educadores devem constituir-se em ricas oportunidades de experimentação e vivência, isto é, deve-se evitar a todo custo as atividades que solicitem a repetição de padrões ou uma só alternativa para a execução de movimentos. Enfim, ao serem solicitados sempre os mesmos movimentos, a experiência tenderá a ser limitada, impossibilitando construções motrizes variadas.

2.1.3 Interação com o Meio

O conhecimento se constrói por meio da interação, isto é, da ação do sujeito sobre o objeto a ser conhecido e das influências desta ação sobre o sujeito, dialeticamente. PIAGET (1975) elucidou este aspecto ao referir-se explicitamente à influência que o contato com o objeto traz para o sujeito. Se não fosse a interação, todos nós teríamos idéias iguais sobre os conhecimentos disponíveis. A interação nos possibilita apreender, por nossos próprios esquemas, aquilo que pertence ao objeto, modificando-nos. Através de infinitas relações com o meio físico e social, o ser humano cria e transforma seus modos de agir sobre o mundo. Por isso, a história social objetiva tem um papel crucial no desenvolvimento psicológico. Isto é, o cérebro, ao constituir-se como um sistema aberto, em constante interação com o meio, transforma suas estruturas e mecanismos de funcionamento ao longo deste processo, e sempre de forma diferente.

Interagir com determinado conhecimento, hoje, é uma experiência diferente da interação proposta ontem ou amanhã. As crianças, ao solicitarem que contemos a mesma história ouvida ontem (e não aceitarem que seu enredo seja modificado), é um bom exemplo deste fenômeno. Cada vez que ouvem o narrador e observam as figuras, as interações se dão em qualidade e quantidade diferentes, pois, a cada oportunidade, estabelecem novas relações, aprendendo novos significados, sendo-lhes possível construir novos conhecimentos.

2.1.4 Equilibração

Outra condição para construção do conhecimento é a inexistência de saltos na aprendizagem, ou seja, não passamos de uma condição de nada saber sobre determinado objeto para o saber tudo. As modificações, quando acontecem, dão-se pela superação de níveis bem próximos uns dos outros. Procurando explicar este fenômeno PIAGET ofereceu-nos o conceito de equilibração.

Para melhor compreender este termo, cabe aqui uma breve explicação sobre o que se entende por equilíbrio do conhecimento. Nossos esquemas encontram-se em equilíbrio quando nos deparamos com realidades que não nos perturbam, isto é, possuímos de antemão todas as condições para solucionar os problemas oferecidos pelo cotidiano. Caso a realidade nos ofereça situações em que nossos esquemas se mostrem insuficientes, uma perturbação acontece, ou seja, constata-se uma situação de desequilíbrio.

PIAGET parte do postulado de que o processo de equilibração das estruturas do conhecimento é responsável pela conservação do sistema cognitivo. Em situações de intercâmbio com o meio, na medida em que enfrenta situações novas, o sujeito fatalmente se depara com novos objetos que lhe oferecem obstáculos e provocam desajustes na estrutura de conhecimento. Ocorre que o equilíbrio tem sempre um elemento de novidade ou se produz em novas bases; o conhecimento anterior pode, assim, diferenciar-se para melhor se ajustar à situação (acomodação) ou se combinar com outros para dar conta do objeto ou situação (assimilação).

Para que as perturbações interpostas pela nova realidade do equilíbrio alcançado possam ser integradas à estrutura cognitiva, o sujeito recorre a certas reações compensatórias, formas de reagir ao elemento perturbador, de modo que compense seus efeitos e retome o equilíbrio perdido. Se a perturbação for sentida de modo mais intenso (se o objeto novo se mostra inassimilável), o sujeito poderá negar o fator perturbador, negligenciando-o ou afastando-o. Neste caso, não existe propriamente conflito aos olhos do sujeito.

Em outro sentido, quando a perturbação pode ser vencida com algum esforço por parte do sujeito, ele não mais tentará anular o elemento perturbador, mas buscará modificar o conhecimento disponível, de modo a ajustá-lo à situação de desequilíbrio.

Assim, o processo de equilibração de PIAGET (1975) nos ajuda a explicar as razões pelas quais os diferentes "efeitos" das mesmas oportunidades ofertadas às crianças podem ser identificados. Apesar de percorrer um currículo semelhante, as estruturas de conhecimento iniciais dos sujeitos suportam de forma diversa as perturbações, a elas adaptando-se ou não. Um jogo com adversários do mesmo nível, por exemplo, constitui-se em uma rica experiência de novas perturbações, pois, a cada jogada, os jogadores buscam superar seus adversários, apresentando-lhes novas situações e promovendo, conseqüentemente, novas necessidades de busca do equilíbrio perturbado.

2.2 O Papel do Professor

Inicialmente, com a apropriação da concepção construtivista da aprendizagem pela pedagogia, os educadores depararam-se com falácias do tipo "a criança aprende sozinha" ou "basta elaborar situações de desequilíbrio para que ela aprenda". Caso houvesse alguma verdade nestas afirmações, o educador nada teria a fazer durante as atividades, pois os educandos, mediante suas relações intergrupais e com os objetos do conhecimento, seriam capazes de aprender constantemente.

Entretanto, uma leitura mais cuidadosa da Epistemologia Genética permitirá constatar exatamente o oposto. Nela, a escola e os educadores assumem um caráter fundamental na construção do conhecimento, por constituírem ocasiões intencionalmente elaboradas para desequilibrar os sujeitos, promovendo reais condições para o aprendizado.

A epistemologia genética constatou que o processo de aprendizagem é "individual" para o aluno, o que equivale dizer que cada criança aprende do seu jeito e de forma diferente dos seus colegas. Apresenta formas próprias de interação e, ao construir estruturas cognitivas distintas, será desequilibrada diferentemente nas mesmas situações didáticas. Portanto, em uma turma com quarenta alunos, haverá quarenta processos individuais de construção do conhecimento, mobilizados diferentemente nas mesmas atividades de ensino.

Ao apontar a importância da equilibração e da interação do meio na sua relação com o fazer pedagógico, podemos concluir que é a reflexão do professor na ação (elaborando as atividades, proporcionando novas e diferentes interações durante as atividades, reorganizando grupos, lançando questionamentos) que proporcionará a estruturação de novos conhecimentos, isto é, a ascensão a níveis mais elevados dos saberes empregados para a solução dos problemas apresentados.

Neste sentido, diferentemente do que se pregava até então, o centro de interesse é a interação professor/aluno/conhecimento, e não apenas o aluno. O educador precisa manter-se atento à qualidade das interações com os objetos de conhecimento proporcionadas pelas atividades, constituindo-se em um orientador, guia, facilitador da aprendizagem.

2.3 Analisando Situações do Cotidiano

Vamos imaginar uma brincadeira de esconde-esconde entre crianças de 6 ou 7 anos. A criança que não conhece a brincadeira é escolhida para "bater cara" – efetuar a contagem enquanto as outras se escondem. Ao sair à procura dos colegas, a nossa heroína se afasta demais do "pique", o que propicia a corrida daqueles que estavam escondidos e que, conseqüentemente, chegando antes ao pique, estarão livres de "bater cara" na próxima etapa. Numa segunda ou terceira oportunidade, provavelmente a iniciante "guardará caixão", isto é, permanecerá próxima ao pique até conseguir descobrir os colegas escondidos ou pelo menos os que são mais rápidos que ela.

Neste caso, a criança viverá ricas oportunidades de interação com múltiplos saberes: autoconhecimento, noção de espaço, distância, tempo, velocidade etc. Conhecimentos que, antes da atividade, possivelmente, não faziam parte do repertório da aprendiz e que, pela experiência vivida durante o jogo, foram reconhecidos e reconstruídos.

Já foi dito que os processos de aprendizagem são individuais para cada um dos aprendizes; assim, os contextos de interação impulsionam diferentemente a atividade auto-estruturante. Portanto, é de se esperar que determinado jogo, atividade, palavra ou estímulo possibilite a auto-estruturação em uma criança, mas não interfira em outras. Assim, um jogo, por exemplo, proporciona o desequilíbrio e possibilita a construção de novos conhecimentos para alguns, e não para todos.

Tudo isso obriga o educador a revisar sua atuação mediante os conhecidos Processos Pedagógicos dos Fundamentos Desportivos. Referimo-nos àquelas propostas de ensino dos movimentos centradas no professor e baseadas na repetição de modelos determinados. A homogeneidade esperada dos resultados ou a aprendizagem de todos na tarefa proposta é, na ótica construtivista, algo inalcançável. Atividades assim elaboradas, embora ofereçam a todos oportunidades semelhantes, implicarão em contextos de interação diferentes, desencadeando estruturações diversas dos conhecimentos.

Explicando melhor, vejamos o exemplo de uma aula somente de dribles (quicar a bola). Para uma parcela do grupo, os desequilíbrios serão muito elevados, pois os educandos poderão estar desprovidos de esquemas de conhecimento suficientes para a realização da atividade (tiveram pouco contato com a bola, desconhecem ou conhecem muito pouco o manuseio deste implemento ou estão mais preocupados em estabelecer relações com a corrida ou com os colegas ao lado que efetuar os difíceis dribles que o professor pediu). Estas crianças perdem a bola, batem forte ou fraco demais, não têm os mesmos resultados dos outros, terminando por afastar-se da aula. Para outra parte do grupo, a proposta se apresenta de forma extremamente fácil, ou seja, eles já sabem executar o movimento e a mera repetição causa-lhes cansaço e desinteresse. E, finalmente, ainda para o terceiro grupo, a atividade possibilita a construção de um novo conhecimento, pois as crianças poderão dispor de esquemas anteriores adequados, e o estímulo empregado se mostra significativo e impulsiona a construção.

Caso o educador entenda que a realização do movimento de driblar seja algo importante para a vida infantil e deseje que seus alunos aprendam as complicadas relações que o drible envolve (controle de forças, cálculo de espaço e tempo, esquema corporal etc.), poderá tornar mais interessante o aprendizado deste movimento (e dos conhecimentos nele envolvidos) com a inserção de algum jogo proveniente do universo cultural das crianças, oferecendo-lhes uma atividade relevante socialmente e adequada à faixa etária, por exemplo, um jogo próximo ao basquetebol, mas com regras e táticas mais singelas.

Como dito, é o intercambio com os alunos e a possibilidade de interferir na relação entre eles e os conteúdos de aprendizagem uma das principais responsabilidades do educador. Portanto, identificar a interação que favoreça ao máximo o processo de construção adquire para aquele que atua sobre este processo importância fundamental. A nossa preocupação primeira é experimentar e destacar a interação mais eficiente, a ação, a palavra, a colocação perante o grupo, a atividade, o jogo que realmente atue de maneira eficaz sobre a construção de conhecimentos.

Assim, o professor, identificando aquilo que "dá certo", nada mais tem a fazer que, sobre ele, investigar, investindo neste modo de atuar, proporcionando sempre um crescimento da reflexão sobre a ação pedagógica.

2.4   O Caminho da Construção

Basicamente, ao deparar-se com um novo conceito, com um novo conhecimento a ser adquirido, com uma atividade diferente, a criança ou o adulto, indiferentemente, percorrem uma trajetória comum e contínua.

2.4.1 Exploração

Este conceito nos ensina muito sobre as crianças e as atividades pedagógicas. Muitas vezes, o professor, apressado em ensinar, quer, rapidamente, inserir o jogo, o conteúdo, a matéria, subtraindo da criança a oportunidade de vivenciar, conhecer, explorar. Para simplificar: como podemos desejar que a criança, ao pular corda, "entre" com esta em movimento se ainda não explorou devidamente o saltar e saltitar com este elemento?

É muito importante se que experimente e explore o pular corda, fazendo uso do tempo que for necessário. A inserção de desafios maiores do que ela é capaz de resolver constitui-se em um convite explícito ao abandono da atividade e todas as suas possíveis conseqüências. De forma equivalente, é necessário conhecer, gradativamente, os fenômenos que estão envolvidos na ação de pular corda, para que este movimento possa ser acrescido do entrar, cantar e sair.

2.4.2 Descoberta

Somente agindo sobre o objeto do conhecimento seremos capazes de conhecer algumas das possibilidades que ele nos traz. É por meio da interação com os conhecimentos que deles abstraímos relações. Ao pular corda, a criança poderá abstrair, por exemplo, o tempo entre uma batida e outra, o ritmo da música, a própria percepção do seu movimento etc. Estas experiências permitirão descobertas que comporão uma teia de novos saberes, podendo ser mobilizados em outra situação, desde que semelhante às anteriormente vividas.

2.4.3 Combinação

Já foi dito que é a reorganização em um nível maior daquilo que nos é conhecido que gera a construção de novos conhecimentos; aprendemos, portanto, combinando coisas conhecidas com conhecimentos novos assimilados. Se a criança explorou devidamente o novo objeto do conhecimento, o novo conceito, atitude ou procedimento empregado, tem condições de inseri-lo em situações diferentes.

As dificuldades enfrentadas pelos professores por ocasião dos ensaios para as festas juninas, por exemplo, diante da organização das rodas, o passeio na roça, o túnel, o caracol, o *tour*, formam elementos de uma coreografia que, muitas vezes, são novos procedimentos para as crianças e, num passe de mágica, exigimos que todas as partes sejam ligadas para que a quadrilha possa ser apresentada. Como combinar o que não se conhece? Deixemos que as crianças explorem (anteriormente) o ritmo e que se movimentem com ele. Elaboremos jogos e atividades em roda, em casais, em filas, em caracol e, finalmente, quando tudo estiver bem explorado e conhecido, poderemos desafiar o grupo às mais diversas combinações, compondo a apresentação final.

Contudo, como nem sempre oferecemos as condições necessárias para as experiências rítmicas, nem tampouco proporcionamos manifestações coreográficas ou folclóricas em diversas formatações (aos pares, em grupos etc.), o ensaio da quadrilha acaba por significar um verdadeiro exercício de tortura para todos os envolvidos, causando "choques" quando estes procedimentos são solicitados.

Lembremo-nos que a dança faz parte da cultura corporal desde os primórdios da humanidade e que, infelizmente, tem ocupado cada vez menos espaço nos currículos escolares. Assim, uma manifestação que deveria ser uma experiência de alegria, movimento e socialização, transforma-se em um estafante exercício de memorização e correção, absolutamente em nada semelhante com a sua razão de existir, isto é, a expressão dos sentimentos humanos mais nobres.

2.4.4 Seleção

A criança que brincou, cantou, dançou, correu, saltou, descobriu, lançou, arremessou, puxou, empurrou etc. vai estruturando toda esta bagagem e acumulando-a por meio dos seus esquemas de ação que poderão ser utilizados quando as situações do cotidiano assim o exigirem. Então, esta criança, dona deste saber, pode selecionar o que lhe interessa no momento adequado, arriscar-se e reorganizar suas condutas por meio da avaliação dos resultados da nova experiência.

Colocações como "Você não consegue fazer isso? É tão fácil!", usuais em alguns casos, não se aplicam a quem não teve oportunidades de explorar, descobrir e combinar, ou seja, não há como se utilizar algo que ainda não é conhecido ou que se oferece distante demais das experiências vividas. A criança que não viveu as etapas deste percurso não possui os elementos necessários para a elaboração de ações quando estas são solicitadas. Como podemos solicitar que os alunos, ao final do ensino fundamental, participem ativamente das atividades da cultura corporal esportiva, por exemplo, se durante a sua passagem pela escola não assimilaram adequadamente as noções de tempo, espaço, conhecimento do próprio corpo e das suas relações com os demais que se apresentam como fundamentais para um desempenho razoável nesta prática?

2.4.5 Desempenho

A realização de ações com probabilidade de satisfação só será possível àqueles que acumularam consideráveis conhecimentos sobre si, sobre o meio e sobre as inter-relações entre o indivíduo e o meio. É bastante comum à criança que se sai bem em determinada atividade lidar com os mesmos instrumentos em outras experiências que lhe parecem semelhantes: "ele joga bem todos os jogos" ou "ela gosta tanto de dançar", dizemos. Quando entendemos as conquistas humanas como um patrimônio cultural e o importante papel da escola na democratização das oportunidades dessa construção, percebemos a importância do professor perante a organização das atividades pedagógicas. Entretanto, a ausência de experiências formativas faz com que a criança "perca a oportunidade" de construir esse amplo leque de conhecimentos que lhe garantirá uma atuação social mais intensa e proveitosa, isto é, o exercício pleno da cidadania.

2.5 Elaborando uma Proposta de Ensino

Destacamos alguns aspectos que julgamos fundamentais para a nossa proposta. Convém mencionar que priorizamos a aplicabilidade à realidade escolar.

Desnecessário dizer que a efetivação de qualquer proposta pedagógica passa pelas condições estruturais da instituição (presença de projeto pedagógico, formação contínua de educadores, salários adequados, interesse e dedicação dos atores envolvidos etc.), mas, sem dúvida, o ponto de partida é o repensar constante da prática educativa do professor.

A abertura a outras fontes de conhecimento, sobretudo à produção científica na área, poderá indicar um bom começo para a tão desejada transformação da realidade. Necessário é, porém, mencionar alguns tópicos que, compreendidos, cofigurem as bases para a construção de um trabalho mais significativo.

2.5.1 O Professor

O professor bem subsidiado possui clara noção do seu papel político como formador de cidadãos que se constituem em sujeitos do processo de aprendizagem. Desta forma, o educador não deverá limitar sua formação aos saberes específicos dos conteúdos, mas conhecer de forma ampla as questões pedagógicas e o processo de aprendizagem do ser humano para elaborar e adequar situações de ensino com especial atenção aos níveis de conhecimento reais dos seus alunos, prevendo objetivos concretos e exeqüíveis.

Nesta perspectiva, o professor desempenha uma ação fundamental dentro da escola; ele é um especialista em interação. A ele cabe optar pela condução mais adequada do seu trabalho, entretanto, a inserção no projeto pedagógico da escola e a constante reflexão sobre todos os assuntos inerentes ao ensino e à aprendizagem trarão consideráveis contribuições para o cotidiano das aulas.

2.5.2. O Material Didático

As reuniões do Conselho de Escola são o espaço adequado para discussão do orçamento e a disponibilidade de verbas para gastos com os materiais. Afinal, é impossível desejar o alcance de determinados objetivos pedagógicos na ausência das mínimas condições de prática e experiência. Embora diversas publicações alertem sobre a necessidade da criatividade e disponibilidade dos professores, sabemos que os limites impostos pela falta de materiais, muitas vezes, impedem a experimentação de situações altamente significativas aos alunos. Assim, um aparelho de som, alguns instrumentos que possam ser manipulados pelas crianças, tais como bolas, cordas, bastões etc., são recursos didáticos utilizados durante as manifestações da cultura corporal. Muito se pode fazer sem eles, mas muito mais será feito com a oferta destas condições.

O apelo à comunidade escolar, a demonstração e argumentação da importância da obtenção destas condições são as posturas docentes esperadas neste caso. O afastamento das discussões coletivas ou a desistência perante a primeira resposta negativa demonstrará a fraqueza de princípios, que desencadeará a falta de credibilidade na proposta. Nestes momentos, os professores demonstram o quanto estão verdadeiramente envolvidos com a sua prática, com o seu projeto. Conhecemos as dificuldades da escola e as deficiências de verbas e condições, mas a luta pela obtenção dos materiais é absolutamente igual à necessidade de giz, lousa, mapas, materiais para laboratório. Enfim, só é possível alcançar uma educação de qualidade com materiais e meios de qualidade.

2.5.3. A Disciplina

O enfoque que procuramos é o polêmico discurso da disciplina como componente atitudinal. O trabalho corporal com os alunos em fila, repetindo os movimentos, ordenadamente, na forma apresentada pelo professor, o silêncio e a obediência devem passar por uma revisão urgente. A literatura pedagógica atual não nos oferece dado algum que justifique esta disposição e forma de condução das atividades. Como já se sabe, ninguém aprende mais ou menos quando está sentado.

Implementar a proposta discutida nestas páginas significa conviver com alunos participativos, empolgados e que conversam bastante entre si sobre os trabalhos realizados. Um grupo aqui, outro ali, outro mais distante, cada um realizando uma tarefa diferente ou até um jogo diferente. Como compreender um programa com tantos jogos e tantas interrupções? Isso mesmo, caro leitor, precisamos modificar a nossa forma de conduzir as atividades com as mais diversas turmas. Infelizmente, mantemo-nos prisioneiros das aulas que tivemos quando pequenos, repetindo, às vezes, as mesmas atividades e a mesma forma de condução dos nossos professores (que educaram em outra época, para outros alunos). Naquele tempo, o silêncio e a obediência, que nem eram tão presentes, mantinham a conformidade da escola dos iguais, da cultura de massa. Hoje, diante de grupos heterogêneos, da cultura das diferenças, precisamos descobrir dia-a-dia novos métodos. O professor é um inventor de metodologias de ensino, e esta invenção ocorre diariamente.

Na escola, nossa principal tarefa é fazer que todas as crianças construam os conhecimentos que lhes são possíveis a partir das nossas propostas de aula. Desta forma, o que nos cabe é experimentar metodologias, aprofundar a fundamentação da nossa prática e reavaliar constantemente os resultados do trabalho desenvolvido em direção ao alcance da composição de uma escola para todos.

2.5.4 O Conteúdo

COLL (1996), apresentando uma concepção global de ensino, destaca que a escola comprometida com a educação de todos deve prestigiar não somente os conteúdos que proporcionam a aprendizagem de saberes cognitivos. Suas idéias, tão em voga na atualidade, concebem o mesmo grau de importância à aprendizagem de conteúdos relacionados aos saberes afetivo-sociais e psicomotores. Nesta proposta, adotamos os preceitos de COLL ao defendermos que as manifestações da cultura corporal poderão constituir-se em momentos de aprendizagem de diversos conteúdos a elas ligados. Os eixos temáticos já apresentados (esquema corporal, estruturação espacial e orientação temporal) articulam-se aos conteúdos conceituais, procedimentais e atitudinais relativos às manifestações da cultura corporal.

Os jogos, as danças, as práticas circenses, as atividades expressivas e a ginástica constituem-se na atividade principal das aulas, proporcionando o suporte necessário para a aprendizagem dos conhecimentos relativos aos fatos, conceitos, princípios, isto é, os conteúdos conceituais; os fazeres que as atividades propõem, como correr, saltar, saltitar, rolar, equilibrar-se em uma superfície de pequena amplitude, arremessar, receber, rebater etc., configuram-se nos conteúdos procedimentais e, da mesma forma, as normas, os valores, o trabalho em grupo, a cooperação, o respeito a si e aos outros denominam-se conteúdos atitudinais.

Tal distinção se faz necessária pela possibilidade que têm determinadas atividades de lançar mão de composições diferentes de esquemas mentais. O conteúdo conceitual ou declarativo enfatiza o que se conhece, ou seja, refere-se à mobilização dos mecanismos de atenção, percepção e memória relativos aos saberes cognitivos, o que é possível pelo intermédio dos órgãos dos sentidos. O conteúdo procedimental ou procedural refere-se aos movimentos e técnicas utilizados nas práticas corporais, e, por fim, a aprendizagem de conteúdos atitudinais enfoca, basicamente, as relações humanas diretamente envolvidas nas práticas corporais ou àquelas que permeiam as relações entre os educandos.

O esforço pela integração destes conteúdos é motivado pelo grau de significância do aprendizado: se queremos que o aprendido tenha sentido para o aprendiz, esse deve estar bem relacionado com todos os componentes que intervêm e o tornam compreensível e funcional. Assim, o domínio de uma técnica ou habilidade não poderá ser utilizado convenientemente, caso se desconheça o porquê de seu uso, ou seja, se não estiver associado aos seus componentes conceituais. Não servirá de nada a habilidade de correr, se o aluno não for capaz de utilizá-la durante uma brincadeira popular, por exemplo. Igualmente, estes dois conhecimentos, o correr e o para quê correr, serão mais ou menos potencializados pelo educando de determinado modo, segundo o marco atitudinal no qual foram aprendidos.

A outra razão é dada por uma constatação de Zabala (1998): tudo o que aprendemos possui sempre componentes conceituais, procedimentais e atitudinais. Poderemos estar mais ou menos conscientes disso, ou seu ensino será ou não intencional, mas, de qualquer forma, no momento de aprender utilizamos ou reforçamos simultaneamente os três tipos de conteúdos. Isto, claro, quando as aprendizagens não se dão de forma mecânica.

A literatura disponível na área apresenta fortes indícios para defender o uso destes mecanismos de forma ativa por parte dos educandos, conduzindo-os a estruturações cada vez mais sofisticadas nestes campos (Coll et al., 1995). Em outras palavras, um jogo que leve as crianças a prestar atenção a determinados estímulos auditivos, aos quais responderão correndo uma de cada vez, mobilizará esquemas conceituais, procedimentais e atitudinais relacionados àquela prática corporal.

2.5.5 A Avaliação

Saber avaliar, ou melhor, saber como avaliar sempre foi uma grande incógnita para aqueles que pretendem alternativas ao instrumental positivista, como listas de habilidades, desempenhos motores, testes etc. Ao pretender o ensino de conteúdos atitudinais, procedimentais e conceituais relacionados à cultura corporal, o educador poderá munir-se de instrumentos que permitam reconhecer os níveis em que estão estes conhecimentos no início, durante e ao final do período letivo. Para tanto, vale considerar que, nesta proposta, a avaliação é uma aliada da ação pedagógica. Somente ela nos fornece os conhecimentos necessários sobre como os alunos estão se relacionando com os conteúdos que pretendemos ensinar. Assim, se em dada etapa do currículo o objetivo é proporcionar aos alunos condições para que elaborem, de forma autônoma, jogos, participando ativamente na construção das suas regras, o educador deverá observar e registrar atentamente as ações dos seus educandos sobre tais saberes.

Neste caso, como instrumento de avaliação, o professor poderá selecionar algumas atividades em que os conteúdos a serem aprendidos sejam mobilizados de forma diferente para verificar como os alunos lidam com tais situações. Caso se encontrem aquém do esperado, as atividades pedagógicas podem ser revistas e seu grau de exigência poderá ser diminuído. Em sentido inverso, se eles resolverem as situações oferecidas de forma rápida e com muita facilidade, poder-se-á exigir mais, propor-se situações mais sofisticadas, que requisitarão maior envolvimento e um trabalho mais intenso. NEIRA (2004) entende que a avaliação é sempre um juízo de valor individual, devendo ser diversificada e fornecer ao educador as informações necessárias para recondução do processo educativo. Por conseguinte, é necessário superar a antiga referência à avaliação como algo que permitirá atribuir notas aos alunos para aprovação ou reprovação. Entendemos que uma boa conversa, um bom registro, uma síntese das atividades desenvolvidas e a organização de um relatório sobre a turma sintetizam a nossa avaliação em Educação Física.

3
PLANEJAMENTO EM EDUCAÇÃO FÍSICA ESCOLAR

Reafirmamos as conclusões de OBERTEUFFER e ULRICH (1977) – raramente citados em nossa literatura –, de que a educação do "físico" isolado não é possível, e o termo Educação, por meio de experiências, envolve não apenas atividades e movimentos, mas também componentes emocionais, comportamentais e intelectuais. Acrescentam, ainda, que os educadores que conhecem corretamente a natureza do homem aceitam sua unicidade e elaboram programas educacionais neste sentido. Mente, corpo e espírito são unidades interdependentes, inseparáveis. Qualquer influência sobre um não pode deixar de afetar o outro.

Entendemos que o professor deve aceitar a responsabilidade inerente de afetar a criança inteira, a pessoa total, e desta responsabilidade não deve fugir.

A Educação Física é considerada hoje um meio educativo privilegiado, na medida em que abrange o ser na sua totalidade. O caráter de unidade da Educação por meio das atividades físicas é reconhecido universalmente através dos tempos.

Segundo Bento (1991), alguns estudiosos e profissionais de Educação Física parecem "dançar" sobre o terreno problemático em que sua disciplina deveria ser construída. Afirma o autor que estes professores:

> Formulam metas, objetivos e valores
> com um grau tão elevado de abstração e
> pretensionismo que parecem apresentá-la
> como uma disciplina do reino dos céus,
> desobrigada e desvinculada de desempenhar
> funções concretas neste reino terrestre
> em que os homens nascem, crescem,
> vivem e morrem envoltos por problemas e
> necessidades. (p. 104)

Planejar é preparar bem a ação, acompanhando-a para confirmar ou corrigir o decidido, revendo-a, criticando a preparação feita, depois de tudo terminado.

Estruturar uma linha de ação é planejar. Quando isso ocorre, mostramos uma visão da realidade, e não improvisamos, pois, com isso, desejamos atingir objetivos definidos, envolvendo várias pessoas nesta ação. Devemos considerar que os objetivos são difíceis de serem alcançados e os recursos materiais, na maioria das vezes, são escassos.

Portanto, as ações planejadas devem ser contínuas, precisam ser revistas e replanejadas. Isso acontece enquanto as ações se desenvolvem. Planejamento e ação caminham juntos. Não separamos o pensar do fazer; pensamos antes, durante e depois da ação. As ações planejadas servem de referência para outras situações.

Esquematizando, podemos dizer que as fases do Planejamento são:
→   preparação do plano (antes da ação) – estudo, preparo, análise;
→   acompanhamento da ação (durante a ação) – verificação das ações;
→   revisão crítica dos resultados (depois da ação) – análise das decisões tomadas; estas são necessárias em todas as fases do planejamento.

Devemos ter claramente os objetivos da ação (o que pretendo obter), a política para realização dos objetivos (os modos) e a organização da ação (os meios).

O planejamento não pode ser encarado como uma técnica desvinculada da competência e do compromisso político do educador, da prática docente e do conteúdo.

Preparar a aula envolve um conjunto de procedimentos ligados diretamente à competência técnica e ao compromisso do professor: o saber, o saber fazer e a atitude frente ao trabalho como educador.

Diversos autores apontam como pontos básicos para o planejamento: conhecer o aluno concreto, o conteúdo que ensina, os procedimentos básicos e coerentes com a natureza dos conteúdos, os procedimentos de avaliação que verifiquem o alcance dos objetivos, o valor da interação professor-aluno e a dimensão social do trabalho do professor em sala de aula.

Portanto, os objetivos da Educação Física precisam de interpretação e esclarecimento para que se tornem completamente significativos ao professor. Esse é um processo essencial, porque os objetivos somente são valiosos quando se refletem em programas específicos na sala de aula, no pátio ou nas quadras de jogos.

Na medida em que o professor tem a percepção clara dos reais objetivos da Educação Física e se identifica com eles, poderá estabelecer a presença dos mesmos como referenciais do seu cotidiano, assim, o trabalho tornar-se-á cooperativo e de forte afiliação. Para que isso aconteça, deve-se explicitar os conteúdos conceituais, atitudinais e procedimentais a serem aprendidos em cada etapa do ensino.

Quanto ao planejamento das atividades, recomendamos aos professores respeitarem os Eixos Temáticos e os conteúdos, conforme se apresentam no Quadro 2, a seguir, para que possam, com isso, atingir seu macro objetivo educacional: a formação integral do educando.

Acreditamos ser esse o caminho: não devemos mais pensar somente em atividades interessantes e desenvolvê-las na aula, e, sim, pensarmos nos objetivos e planejarmos atividades pedagógicas com a intenção de alcançá-los.

Quadro 2 - Referenciais para elaborar as atividades

Eixos Temáticos	Conteúdos Conceituais	Conteúdos Procedimentais	Conteúdos Atitudinais
Esquema Corporal Estruturação Espacial Orientação Temporal	Atenção Concentração Memorização Discriminação visual/auditiva Identificar Comparar Transferir Classificar Conhecer	andar, correr, saltar, saltitar, trepar, rolar, galopar, saltar no mesmo pé, arremessar, receber, rebater, chutar, driblar, conduzir a bola com pé, voleio, estar de pé, estar sentado, girar os braços e o tronco, parada de mãos, rolamento, equilíbrio num só pé e caminhar por uma superfície de pequena amplitude	Conhecimento de si e dos outros Respeito a si e aos outros Respeito às normas e regras Trabalho em grupo Responsabilidade Disciplina Autocontrole Organização Participação Cooperação Autoconfiança Esforço para superar-se

3.1 Orientações

Após observar atentamente seus alunos e registrar as características principais do grupo, o educador, durante o planejamento das atividades, deverá considerar as informações contidas nos seus registros para planejar a sua ação. Supomos que, a partir desta avaliação inicial, o professor observe que seus alunos perdem muito tempo para organizar-se, conhecem poucos jogos da cultura popular, correm dispersos pelo espaço, discutem sem chegar a conclusões satisfatórias, têm dificuldades para compreensão e aceitação das regras e idéias dos companheiros. Com base no quadro da página anterior, o professor poderá destacar os seguintes referenciais para as atividades: desenvolver a orientação temporal através de um trabalho com jogos tradicionais que promovam situações que mobilizem a atenção, o correr (por ser uma habilidade motora que dominam) e a necessidade de trabalho em grupo.

Selecionados os principais elementos que se pretende trabalhar, poderá sugerir uma atividade com base nos seguintes elementos:

Eixo Temático – Orientação temporal
Manifestação da Cultura Corporal – Jogos tradicionais
Conceituos – Atenção
Procedimentos – Correr
Atitudes – Trabalho em grupo

O passo seguinte será a discussão e eleição de etapas, podendo a primeira constituir-se em um levantamento dos jogos que os alunos conhecem, e nesses selecionar aqueles que envolvem a atenção, o correr e o trabalho em grupo. Após este levantamento e seleção, o professor poderá propor aos alunos que mencionaram os jogos escolhidos que os expliquem aos colegas para, em seguida, vivenciá-los. Sobre as primeiras experiências, poderão retomar a conversa em roda para discutirem o que aconteceu, o que saiu bem e quais as sugestões oferecidas para aperfeiçoar o que não estão gostando.

Este projeto de trabalho poderá durar o tempo que o professor considerar necessário para que as aprendizagens pretendidas sejam identificadas. Como tarefa adicional, o professor solicitará que os alunos registrem suas experiências através de desenhos, relatos escritos ou fotografias. Este material que já se constitui em um complexo instrumento de avaliação poderá ser socializado e comentado com os colegas, podendo compor um livro de jogos, um portifólio ou, até mesmo, ser apresentado à comunidade escolar ao término das atividades desenvolvidas.

PALAVRAS FINAIS

Na opinião de MATTOS (1994), a escola tem a função primordial de Educar, sendo que a responsabilidade para que se atinja esta meta recai sobre os professores. Estes sofrem os impactos totais, imediatos e concentrados dos problemas inerentes à formação dos alunos. As autoridades educacionais não devem excluir-se de prover a escola do mínimo necessário de condições materiais de trabalho para o desenvolvimento da tarefa pedagógica; em caso de omissão, nada mudará, pois, dadas as extremas dificuldades com que alguns professores se defrontam no dia-a-dia, permitimo-nos inferir que o êxito no ensino e na aprendizagem da Educação Física é incerto, ineficiente e de pouco adiantará as concepções e princípios para a área.

Neste aspecto, os objetivos da Educação Física, devem evidenciar uma congruência muito apropriada com a realidade de trabalho de seus professores. Daí nossa intenção em apresentar uma proposta concreta e viável para a Educação infantil e ciclo inicial do Ensino Fundamental. Por outro lado, devemos ter ciência que, em determinadas circunstâncias de trabalho, com as quais se defrontam alguns professores, é necessário muita persistência, criatividade e competência técnica para o desempenho de suas tarefas pedagógicas, bem como de um efetivo apoio de supervisores, diretores e coordenadores pedagógicos.

Contudo, não chegaremos a um bom resultado na melhoria da qualidade de trabalho dos professores pela recusa global e definitiva do sistema educacional vigente, mas chegaremos a um bom termo discutindo, no âmbito da prática pedagógica, seu modo de funcionamento, seus métodos e as circunstâncias que dão suporte a este trabalho. O que recomendamos é uma ação coletiva, eficiente e contínua; com vistas à melhoria da prática pedagógica.

O aglutinamento de idéias em torno de um objetivo comum, ou seja, a prática pedagógica que desencadeia a aprendizagem dos conteúdos objetivados, ajudar-nos-á também a encontrar soluções para algumas dificuldades com as quais nos defrontamos no dia-a-dia de nossas tarefas.

Em vista disso, desejamos propor aos professores que não encontrem no comodismo, individualismo e ressentimento a solução de seus problemas, mas que participem além das lutas salariais e da melhoria da vida funcional (as quais têm todo o direito), mas militem com muita vontade política a favor das exigências relativas às condições de trabalho propícias para a melhoria da qualidade do ensino e da aprendizagem dos seus alunos.

Então, concluímos que somente os profissionais que atuam nestas circunstâncias conseguem efetuar uma avaliação correta de seus alunos e de suas próprias ações pedagógicas oriundas de um planejamento concreto, podendo, assim, observar os efeitos de sua tarefa. Isto proporcionará uma satisfação profissional acentuada, impelindo-os a superar novos obstáculos em busca de maior alegria no trabalho e felicidade pessoal.

Devemos visualizar claramente a contribuição da Educação Física para a Humanidade, procurando sempre aumentar as bases conceituais sobre o campo de estudo, bem como de Educação e de sociedade, vendo o aluno como pessoa.

Para que a Educação Física atinja as suas finalidades, é mister a participação do professor como agente da ação e, para tal, buscamos um profissional competente e principalmente consciente de suas responsabilidades, que procure constantemente seu aperfeiçoamento pessoal e técnico-profissional, desenvolvendo cada vez mais os atributos necessários ao desempenho de suas tarefas.

Conversar com os professores tem sido uma das nossas ocupações. Tendo como fim único o desenvolvimento dos conceitos discutidos, muito tem nos preocupado a distância entre a produção de conhecimentos elaborados e a utilização destes na Escola de Educação Infantil e Ensino Fundamental.

No limiar do novo milênio, as escolas brasileiras, públicas ou privadas, enfrentam ainda o fantasma do fracasso. Os inúmeros cursos e encontros com professores de Educação Física ou com os Polivalentes têm demonstrado a sua maior dificuldade: "Como fazer para que as crianças aprendam?".

Esta pergunta tem nos acompanhado dia e noite; indiferentemente à faixa etária ou ao meio com o qual lidamos, buscamos esta resposta. Os temas tratados nestas páginas nasceram dessas conversas, dessas dúvidas. Poucos autores discutem o conteúdo das aulas, menos ainda, o modo como trabalhar estes conteúdos. Esperamos, de alguma forma, ter apresentado contribuições para essa nova geração de pensadores da educação: os que se preocupam com a eficiência do ensino.

> Penso que esta nova geração terá uma relação mais amorosa e espontânea com estes instrumentos – escrita e cálculos – hoje fundamentais para uma cidadania mais digna e proveitosa. (MACEDO, 1994, p. 47)

5

ATIVIDADES MOTORAS PARA A EDUCAÇÃO INFANTIL E O ENSINO FUNDAMENTAL DE 1ª A 4ª SÉRIES

Relacionamos a seguir algumas atividades presentes na cultura escolar que, segundo os conteúdos de aprendizagem, poderão ser utilizadas pelo professor na organização das aulas.

Atividade 01

Eixo Temático - Orientação temporal
Conceituais - Discriminação auditiva e classificatória
Procedimentais - Arremessar e correr
Atitudinais - Respeito às normas e regras

ABCD

Combina-se, inicialmente, um objeto: planta, animal ou qualquer palavra.

Forma-se um círculo. Os participantes jogam a bola, um para o outro, em qualquer seqüência. No momento de jogar a bola, o arremessador diz uma letra, seguindo a ordem alfabética. Quem deixar a bola cair no chão deverá dizer uma palavra (conforme o objeto combinado) com a letra correspondente. Não é permitido repetir a palavra, nem o próprio nome. Os participantes podem conceder um tempo para a resposta, enquanto contam até dez em voz alta. Se não conseguir dizer a palavra, a criança é convidada a contar uma piada, história ou poesia no centro da roda.

Atividade 02

Eixo Temático - Estruturação espacial
Conceituais - Identificação e memorização
Procedimentais - Correr
Atitudinais - Organização

Alfândega

Os alunos fazem uma roda, sentados.

Uma das crianças é o mestre, e deve escolher, sem revelar aos outros, qual é o "código de passagem" pela Alfândega (palavras que se iniciem com uma determinada letra). Pode ser, por exemplo, a primeira letra do nome (suponhamos que ele se chame Ricardo). Assim, Maria diz "eu vou para a Europa e vou levar uma roupa" (palavra que começa com "R" de Ricardo).

O mestre dirá "pode levar". Se Maria quiser levar algum objeto que comece com outra letra, o mestre lhe dirá "não pode levar". Todos dizem o que levarão, seguindo a seqüência da roda, até todos descobrirem o código.

Outros códigos possíveis são a segunda letra do nome, a primeira letra do nome do colega da direita ou da esquerda, a roupa que alguém está usando, coisas que se vê na rua, em casa, em sala de aula etc.

Atividade 03

Eixo Temático - Esquema corporal
Conceituais - Atenção e concentração
Procedimentais - Estar sentado
Atitudinais - Respeito às normas e regras

Detetive

O professor preparará, previamente, pequenos pedaços de papel com a distribuição das funções: (1) Detetive, (1) Assassino, (outros) Vítimas. O número de papéis deve corresponder ao número de participantes. Faz-se uma roda, cada um retira e lê o seu papel (para si mesmo). Quem receber o papel de "Assassino" tentará piscar para as "Vítimas" sem que o "Detetive" note. O detetive tentará descobrir quem está piscando para os outros. A vítima morre quando o assassino piscar para ela. Deve dizer "morri" e ficar em posição diferente dos outros (por exemplo, deitado), para o assassino não se confundir. O detetive, quando perceber o assassino, deverá dizer: "preso em nome da lei", ganhando o jogo.

Atividade 04

Eixo Temático - Estruturação espacial
Conceituais - Classificar e ordenar
Procedimentais - Correr, saltar e rolar
Atitudinais - Organização e respeito às normas e regras

Office-boy

Na sala de aula, o professor deve explicar a rotina de trabalho do *office-boy*. Todos preparam, com a ajuda do professor, uma folha com locais para assinaturas: banco, empresa, correio, agência de viagens etc. Os alunos deverão percorrer a escola colhendo estas assinaturas nos locais adequados; por exemplo, determinada funcionária da escola exercerá a função de "banco", ao localizá-la, a criança pedirá a assinatura e esta pessoa poderá propor uma condição: dar três pulinhos, cantar uma música (somente depois de cumprida a tarefa, assinará ou não o papel, conforme sua função). Assim, as crianças que não acertarem na primeira tentativa deverão procurar outra pessoa e retornar com a assinatura correta. A atividade termina quando as crianças recolherem todas as assinaturas.

Atividade 05

Eixo Temático - Esquema corporal
Conceituais - Classificação, identificação e criatividade
Procedimentais - Estar em pé, estar sentado e equilíbrio em um só pé
Atitudinais - Cooperação

Rua do Comércio

O professor prepara vários pedaços de papel com o nome de objetos pertencentes a determinada casa comercial: pão, biscoito, cafezinho, pão doce e torta compõem uma padaria; martelo, prego, serrote e madeira compõem uma marcenaria, e assim por diante. Cada criança pega um pedaço de papel e caminha pelo espaço falando bem alto o nome do seu objeto. As crianças devem agrupar-se segundo a sua "casa comercial". Quando todos encontrarem seus devidos lugares, deverão escolher um nome para o recinto comercial e elaborar uma propaganda (dramatização).

Atividade 06

Eixo Temático - Estruturação espacial
Conceituais - Ordenação
Procedimentais - Andar e correr
Atitudinais - Cooperação

Caça ao Tesouro

Previamente, o professor preparará dois conjuntos de pistas contendo pequenos desafios e as esconderá em determinados locais da escola. A turma será dividida em duas equipes, e cada uma receberá a primeira pista.

Há várias formas de organizar as pistas: direta – escrevendo o nome do local onde se esconde a próxima pista, por exemplo, "escada"; ou por meio de pequenos desafios, exemplo: por mim as crianças sobem para o andar superior do prédio; e, até mesmo, com desenhos.

Intercalando as pistas, o professor poderá solicitar atividades. Quando encontrarem a pista da escada, lá estará escrito por exemplo: "ir até o professor e cantar uma música".

Os grupos devem ser estimulados a caminharem juntos, e todos os alunos devem ser estimulados a solucionar as charadas.

Atividade 07

Eixo Temático - Esquema corporal
Conceituais - Identificar, transferir, conhecer
Procedimentais - Prender
Atitudinais - Respeito ao outro e conhecimento de si

Espaço Corporal

Divididas em duplas, as crianças receberão um pedaço de giz. Enquanto uma permanece deitada, a outra marca os contornos do corpo do colega no chão, e ao terminar o desenho, completará os detalhes – unhas, olhos, nariz. O professor estimulará a escrita das partes do corpo, sinalizando-as com flechas.

Atividade 08

Eixo Temático - Orientação temporal
Conceituais - Discriminação visual, identificação e
           memorização
Procedimentais - Correr
Atitudinais - Cooperação

Campeonato das Palavras

    Cada aluno, em sala de aula, confeccionará um crachá com uma das sílabas do próprio nome – o professor deverá ajudá-los a fim de facilitar a escolha, evitando sílabas como WIL de Wilson, por exemplo. Com os crachás no peito, uma folha de papel e um lápis, o professor alternará estímulos sonoros (palmas e música) com interrupções, solicitando aos alunos que montem pequenos grupos de 4 a 6 pessoas. Desafiará os grupos a escreverem palavras utilizando as sílabas dos seus componentes, registrando-as na folha de papel. Os alunos experimentarão suas hipóteses através das várias ligações possíveis. Após um tempo, o professor novamente fornecerá o estímulo sonoro e as crianças correrão pelo pátio.

Atividade 09

Eixo Temático - Orientação temporal
Conceituais - Discriminação visual, memorização e classificação
Procedimentais - Correr
Atitudinais - Respeito ao outro, cooperação e competição

Cadeia Alimentar

Os alunos serão divididos em quatro grupos. Cada componente receberá um crachá, no qual constará o nome de um animal ou vegetal, de acordo com a cadeia alimentar preestabelecida na sala de aula: vegetais são alimento para herbívoros, que são alimento para carnívoros de pequeno porte, que são alimento para carnívoros de grande porte.

O professor explicará a seqüência da alimentação – um carnívoro de pequeno porte somente se alimenta de herbívoros, e assim por diante.

Distribuídos os crachás, os alunos-vegetais terão um tempo para fugir, pois serão perseguidos pelos alunos-herbívoros; estes pelos, carnívoros de pequeno porte, que são alimento para os carnívoros de grande porte. Quando dois alunos se encontrarem, deverão submeter seu crachá à leitura pelo colega. Perderá o crachá aquele que for "alimento" do outro; caso não o seja, continuará fugindo. Exemplo: carnívoro encontra um vegetal.

Terminado o tempo combinado, os alunos trocarão de situação na cadeia alimentar.

Variação: Os alunos podem ser convidados a representar graficamente (desenhos inicialmente) algo importante transcorrido durante a atividade proposta.

Atividade 10

Eixo Temático - Estruturação espacial
Conceituais - Classificação
Procedimentais - Correr, quadrupediar e saltar,
Atitudinais - Respeito ao outro e às regras, esforço para superar-se

Cachorro, Galinha e Pintinhos

O professor colocará os alunos (fazendo o papel de pintinhos) em uma extremidade da quadra ou atrás de uma linha marcada no chão, em oposição à outra paralela, com 20 m de distância. Um aluno permanecerá no meio, fazendo o papel de cachorro. O professor poderá começar como exemplo (fazendo o papel de galo), e dirá em voz alta "Pintinho quer cebola", "Não", respondem os pintinhos, "Pintinho quer batata", "Não", e assim por diante, até dizer "Pintinho quer milho", "Sim", e os pintinhos correm até a outra extremidade da quadra ou até ultrapassarem a linha oposta. Os pintinhos que forem pegos pelo cachorro, irão ajudá-lo no papel de pegador na próxima vez.

Variação: Após a atividade, ainda na quadra ou pátio, os alunos serão estimulados a fazer um desenho, colocando o nome da brincadeira e o próprio nome.

Atividade 11

Eixo Temático - Estruturação espacial
Conceituais - Memorização e discriminação visual
Procedimentais - Manipulação de objetos
Atitudinais - Cooperação

Escrevendo com Jornais

Dividir os alunos em grupos e distribuir jornais entre eles. O professor os estimulará a procurarem as letras do próprio nome no chão, utilizando o material. Cada grupo será convidado a verificar quais as letras que os outros grupos escreveram e fazer relações com os nomes dos componentes dos grupos.
Variação: Posteriormente, o professor estimulará os alunos a construírem outras letras, usando, porém, o próprio corpo para representá-las.

Atividade 12

Eixo Temático - Orientação temporal
Conceituais - Memorização e discriminação auditiva
Procedimentaiss - Saltar e saltitar
Atitudinaiss - Autoconfiança e esforço para superar-se

Pular Corda

Há uma considerável quantidade de músicas que ritmam as atividades com corda. O professor poderá ensiná-las. Aconselhamos aos grupos no início da alfabetização a famosa "Casamento":

> Com quem / Você / Pretende se casar /
> Loiro, moreno, careca, cabeludo / Rei,
> ladrão, soldado ou capitão
> Qual é a letra do seu coração / A, B, C, D,
> ...

Comumente, os alunos motivam-se a tentar chegar ao final do abecedário. O professor poderá estimular o grupo a repetir a música várias vezes, enquanto os colegas pulam. Algumas atividades de reescrita ou até pseudoleitura podem ser propostas fazendo uso desta música.

Atividade 13

Eixo Temático - Esquema corporal
Conceituais - Transferir e conhecer
Procedimentais - Parada de mãos
Atitudinais - Autoconfiança e esforço para superar-se

Estrelinha

Esta espécie de atividade motora, por envolver certo desafio prático, é bastante motivante. O professor poderá desafiar os alunos a executarem o movimento da estrela (rodar com o corpo passando pela posição invertida quando as mãos estiverem no chão). Após algumas tentativas, o professor observará que alguns alunos são capazes de fazer o movimento (muito conhecido através do seu uso na Capoeira). Tomando o exemplo destes alunos, o professor pedirá para que repitam o movimento e os demais os observem. O professor os orientará a dividirem o movimento em partes: colocar um pé na frente, depois uma mão, depois outra, levantar os pés e colocá-los do outro lado, por exemplo. Todos os alunos retomarão novamente a prática.

Variação: Em um segundo momento, o professor estimulará o grupo a escrever como se faz a estrela, pois, tendo escrito a forma correta, eles poderão ensinar a um amigo distante, por carta ou e-mail.

Atividade 14

Eixo Temático - Estruturação espacial
Conceituais - Ordenação e discriminação visual
Procedimentais - Saltar, saltitar e equilíbrio em um só pé
Atitudinais - Autoconfiança e esforço para superar-se

Amarelinha Diferente

Certamente, os alunos do Ensino Fundamental conhecem a Amarelinha, que, em alguns lugares, foi batizada de Maré. Com a sala distribuída em pequenos grupos, o professor estimulará a invenção de algum tipo diferente de amarelinha rabiscada no chão, batizando o jogo e escrevendo ao lado do desenho o nome dado.

Os alunos descobrirão nos seus próprios jogos formas diferentes de saltar, com seqüências diferenciadas. O professor estimulará cada grupo a apresentar a sua invenção, verbalizando os novos procedimentos e as formas de jogar, depois poderá estimulá-los a anotarem no caderno as idéias que mais gostaram, para que possam brincar com esses novos jogos em outra ocasião.

Atividade 15

Eixo Temático - Estruturação temporal
Conceituais - Identificar, conhecer e transferir
Procedimentais - Equilíbrio e locomoção
Atitudinais - Organização e cooperação

Bicho Gigante

Os alunos, distribuídos em pequenos grupos, serão estimulados a desenhar, sobre uma folha grande de papel pardo, um bicho (apenas um por grupo). Posteriormente, as crianças escreverão nas costas da folha todas as características sobre o animal escolhido. Serão questionadas pelos colegas através de perguntas cuja resposta é sim ou não. "Ele come capim?", "Ele mora no mar?", "Ele bota ovo?" etc. Para finalizar, cada grupo deverá montar uma só representação do bicho desenhado com o próprio corpo. O professor estimulará, desta forma, a organização dos grupos.

Atividade 16

Eixo Temático - Estruturação espacial
Conceituais - Transferir, conhecer e classificar
Procedimentais - Manipulação e equilíbrio de objetos
Atitudinais - Organização e cooperação

Jogo de Construção

O professor solicitará aos alunos, com uma semana de antecedência, que tragam de casa materiais, como caixas vazias de vários tamanhos, vasilhames de plástico usados, latas, cabos de vassoura. A esses, serão acrescidos materiais que podem estar disponíveis na própria escola, como colchões, caixotes de madeira etc. Na sala de aula, o professor fará na lousa uma lista com os materiais disponíveis e perguntará às crianças se sabem como os engenheiros trabalham. Explicará a idéia de projetar, pensar e planejar antes de fazer. Desafiará a turma, distribuída em pequenos grupos, a elaborar um projeto de construção com aqueles materiais.

O passo seguinte é colocar o projeto em prática, determinando um tempo para cada grupo. Após o término da montagem, o professor convidará os outros grupos para descobrirem o que foi montado.

Atividade 17

Eixo Temático - Orientação temporal
Conceituais - Identificação
Procedimentais - Andar e correr
Atitudinais - Organização e cooperação

Roda Cantada

O professor escolherá uma roda cantada e preparará uma folha com a letra, ou a escreverá na lousa. Convidará os alunos a descobrirem o que está escrito ali. Em grupos, ou individualmente, farão exercícios de identificação e leitura. Quando a maioria reconhecer a letra, o professor proporá que todos cantem a música.

Colocará a roda cantada em prática algumas vezes. Poderá encaminhar como tarefa para casa uma pequena pesquisa com os parentes para descobrir se eles conhecem outras rodas cantadas. Assim, no dia seguinte os alunos poderão ensinar aos colegas outras formas de brincar com a mesma atividade.

Atividade 18

Eixo Temático - Esquema corporal
Conceituais - Transferir, conhecer e identificar

Procedimentais - Estar em pé e sentado
Atitudinais - Respeito às normas e regras

Quadro dos Nomes

O professor preparará um quadro com o nome de todos os alunos em forma de cartões (pregados com percevejo ou fita crepe). Cada aluno será desafiado a ir até o quadro e escolher um nome sem retirar o cartão. Deverá descrever algumas características do amigo, ou até mesmo, imitá-lo em alguma situação marcante. Apenas este aluno poderá identificar-se, recebendo o cartão e procedendo a nova escolha.

Atividade 19

Eixo Temático - Estruturação espacial
Conceituais - Identificar
Procedimentais - Andar, estar em pé e sentado
Atitudinais - Organização e cooperação

Lobo, Coelho e Cenoura

Com as mesmas latas que os alunos trouxeram em aulas anteriores, o professor solicitará que cada grupo escreva (a seu modo) e cole três identificações: lobo, coelho e cenoura (um por lata). A atividade consistirá em contar uma história e pedir aos alunos que resolvam a questão. Um homem está tentando atravessar um rio com uma canoa, um monte de cenouras, um coelho e um lobo. A canoa não suporta o peso de todos juntos, só podendo levar o homem e mais um elemento de cada vez. O lobo e o coelho não podem ficar sozinhos; o coelho e as cenouras não podem ficar sozinhos. Os pequenos grupos tentarão resolver o problema e, quando encontrarem a resposta, descreverão os procedimentos ao professor.

Atividade 20

Eixo Temático - Esquema corporal
Conceituais - Atenção e concentração
Procedimentais - Estar de pé e sentado
Atitudinais - Conhecimento, respeito a si e aos colegas

Pegador Agachadinho

Variação de pegador, onde o "pique" (ou zona de proteção) é a posição agachada; o professor deverá constantemente modificar o aluno que está pegando para proporcionar uma diversidade na atividade.

Duro-mole

Idem à atividade desenvolvida acima, contudo, quem for pego permanecerá imobilizado até que alguém o toque, "salvando-o" e inserindo-o novamente na atividade.

Atividade 21

Eixo Temático - Estruturação espacial
Conceituais - Memorização
Procedimentais - Galopar
Atitudinais - Participação e responsabilidade

Pegador do Cavaleiro

O cavaleiro deverá utilizar o arco/bambolê como cavalo, posicionando-se dentro do gol. Ao sinal do professor, ele sairá galopando em direção aos outros, tentando alcançar um aluno, o qual retornará junto ao primeiro cavaleiro para dentro do gol, pegando outro arco/bambolê que se transformará em cavalo.

Atividade 22

Eixo Temático - Orientação temporal
Conceituais - Classificar
Procedimentais - Chutar
Atitudinais - Respeito às normas e regras, sociabilidade

Base Quatro com Chute

A turma será dividida em duas equipes. Serão dispostos 4 cones (bases), formando um quadrado de, aproximadamente, 8 m de lado. Através de sorteio, uma equipe começará chutando e outra defendendo. Os componentes da equipe que chuta deverão chutar a bola o mais longe possível e sair correndo ao redor das quatro bases. Cada passagem por uma base creditará um ponto à equipe. Enquanto isso, a equipe que defende deverá pegar as bolas com as mãos e queimar o corredor. Isso o fará parar e a contagem de pontos será interrompida. Após todos os membros da primeira equipe chutarem as bolas, as equipes trocarão de posição.

Atividade 23

Eixo Temático - Esquema corporal
Conceituais - Atenção e concentração
Procedimentais - Parada de mãos
Atitudinais - Disciplina e organização

Sapo

Salto do sapo, colocando todo o peso do corpo sobre as mãos.

Com auxílio de um colchão, pedir aos alunos que coloquem as duas mãos no colchão com os braços e pernas estendidas e escalem a parede.

De costas para a parede, peça aos alunos que coloquem as duas mãos no colchão, sem flexionar os braços, e fiquem com as pernas estendidas.

O professor os ajudará a ficar na posição da parada de mãos auxiliado pela parede.

Pedir para os alunos tentarem, com o próprio impulso, permanecer em parada de mãos.

Atividade 24

Eixo Temático - Estruturação espacial
Conceituais - Discriminação visual e auditiva
Procedimentais - Voleio
Atitudinais - Autoconfiança e autocontrole

Bexiga Ao Alto

Cada aluno estará com uma bexiga (com cores pré-determinadas) e deverá conduzi-la com partes variadas do seu corpo, ao som de uma música. Quando esta parar, os alunos deverão aproximar-se de acordo com as cores das bexigas e trocá-las entre eles.

Atividade 25

Eixo Temático - Orientação temporal
Conceituais - Transferir e conhecer
Procedimentais - Estar de pé e sentado
Atitudinais - Autoconfiança, autocontrole e esforço para superar-se

Sentaqui

Todos sentados e dois alunos em pé. Um deles será o pegador e o outro o fugitivo. O fugaz terá a possibilidade de salvar-se, pulando sobre algum colega sentado, e este deverá dar continuidade à fuga, enquanto o primeiro fugitivo passará a ficar sentado.

Variações: O saltado será o pegador ou meninos só poderão saltar meninas e vice-versa.

Atividade 26

Eixo Temático - Esquema corporal
Conceituais - Memorização
Procedimentais - Chutar
Atitudinais - Sociabilidade, respeito às normas e regras

Futpar

Os alunos em duplas, de mãos dadas, receberão três variações de movimento: tocar a bola e chutar somente com o pé direito, tocar a bola e chutar somente com o pé esquerdo e trocar de duplas. Todos, inclusive os goleiros, deverão jogar em duplas, sem soltar-se. Caso, durante a jogada, uma dupla se solte, deverá ser cobrada uma falta no local onde se deu o fato.

Atividade 27

Eixo Temático - Estruturação espacial
Conceituais - Atenção e concentração
Procedimentais - Drible
Atitudinais - Disciplina e organização

Alerta com Passadas Realizadas com Dribles

Será proposto o jogo do alerta. Alguém joga a bola para o alto e grita o nome de um dos amigos. Quem tiver o seu nome chamado, deverá correr e tentar pegar a bola. Quando pegar a bola, gritará "Alerta". Todos devem parar de fugir e ficar imóveis. O aluno de posse da bola deverá ir até o colega escolhido, executando no máximo cinco quicadas de bola no chão. Tentará acertá-lo. Caso consiga, o colega queimado receberá um Rá, depois Ré, depois Ri e assim por diante. Passando a jogar a bola para cima. Caso o arremessador não queime ninguém, outro aluno poderá jogar a bola para cima.

Variação: Distribuir os alunos em quatro grupos, limitando o espaço de cada grupo e aumentando o número de bolas.

Atividade 28

Eixo Temático - Orientação temporal
Conceituais - Identificar e comparar
Procedimentais - Saltar e saltitar
Atitudinais - Disciplina e organização

Pular Corda

O professor poderá organizar a turma de diversas formas e, caso disponha, trabalhar com mais de uma corda. Solicitando várias músicas de pular corda e desafiando os alunos a verificar qual a mais difícil, a mais fácil, a mais rápida etc.

Em trios, dois batendo a corda e um pulando. A música e as variações os alunos escolhem. Após escolhidas as músicas e as variações, cada trio apresenta-se à classe e, na segunda apresentação, a classe participa.

Atividade 29

Eixo Temático - Esquema corporal
Conceituais - Andar e correr
Procedimentais - Transferir e conhecer
Atitudinais - Autoconfiança e esforço para superar-se

Aula Com Jornal

Cada aluno, com uma folha de jornal, deverá atender aos pedidos do professor: jogar o jornal para cima e entrar em baixo, jogar o jornal e deitar-se, procurar fazer que a folha caia sobre o corpo, sobre as costas etc. Jogar o jornal e tentar equilibrá-lo em diversas partes do corpo etc.

Em um segundo momento, o professor alternará momentos de corrida dos alunos com momentos de cobrir determinadas partes do corpo dos colegas. Cabeça, ombro, perna, coxa etc.

Atividade 30

Eixo Temático - Estruturação espacial
Conceituais - Discriminação visual e auditiva
Procedimentais - Andar e correr
Atitudinais - Esforço para superar-se e cooperação

Acorde seu Urso

Uma das crianças fica abaixada no meio do espaço, fingindo que está dormindo (o urso). Afastado do colega (urso), o grupo de alunos pergunta "Seu urso, que horas são?", o urso responderá determinado horário: "Dez horas". O grupo deverá andar o número de passos correspondente às horas. Quando estiverem chegando perto, as crianças perguntarão novamente "Seu urso, que horas são?", julgando o momento adequado, o urso se levantará e perseguirá os colegas. Quem for pego, o ajudará na próxima etapa, quando a atividade recomeçar.

Atividade 31

Eixo Temático - Orientação temporal
Conceituais - Discriminação visual e auditiva
Procedimentais - Andar e correr
Atitudinais - Cooperação

O Homem da Cola

Vivenciar todas as formas de locomoção que as crianças conhecem e apresentar novas formas. Os alunos serão reunidos em círculo na quadra. Sentados, ouvirão as explicações do professor em relação à atividade a ser desenvolvida. Passa-se, então, a ensinar uma música:

> (ritmo da kaiser)
> Eu sou o homem da cola
> Eu sou o homem da cola
> Eu sou o homem da cola
> Agora eu vou colar... (dizer uma parte do corpo)

Todas as vezes que a música solicitar uma parte do corpo, os alunos deverão uni-las com as mesmas partes dos corpos dos colegas. Em um dado momento, o professor diminui o espaço e coloca obstáculos no caminho. Em um outro, o professor acelera o ritmo da música, fazendo que as crianças corram.

Atividade 32

Eixo Temático - Esquema corporal
Procedimentais - Estar de pé e sentado
Conceituais - Atenção e concentração
Atitudinais - Conhecimento e respeito a si e aos outros

O Passeio

Ao som da música, os alunos passeiam pela sala; ao corte da música, o professor dirá: "Passeando pela floresta, encontrei um animal...", exemplo: animais rastejantes e animais que não rastejam. Quando falar o nome de um animal que rasteja, os alunos deverão sentar-se e, quando falar o nome de um animal que não rasteja, os alunos deverão permanecer em pé.

Com os alunos sentados em círculo, um deles ficará no centro, o qual terá que escolher qualquer um dos seus colegas e passar a bola; trocando de lugar com esse, o aluno que está sentado terá que prestar atenção para não deixar a bola cair. Neste momento, deixar-se-á em aberto para as novas criações dos alunos a partir da atividade proposta.

Atividade 33

Eixo Temático - Orientação temporal
Procedimentais - Estar de pé e sentado
Conceituais - Transferir e conhecer
Atitudinais - Autoconfiança, autocontrole e esforço para superar-se

A Chuva

Alunos dispostos em círculo, de mãos dadas, rodando, ouvindo e repetindo a história do orador. Estarão ao lado dispostos vários guarda-chuvas (arcos/ bambolês), que deverão ser ocupados por apenas um aluno. No decorrer da história do orador, ele falará a palavra mágica "Chover", quando todos deverão correr e ocupar seu lugar no "guarda-chuva". Quem ficar sem lugar continua a história.

Atividade 34

Eixo Temático - Orientação temporal
Procedimentais - Correr e andar
Conceituais - Discriminação visual e auditiva
Atitudinais - Autoconfiança, autocontrole e esforço para superar-se

Coelho Sai da Toca

Os alunos deverão estar espalhados pelo espaço delimitado formando trios, sendo dois a toca e um o coelho. Dado o sinal, os coelhos deverão trocar de toca saltitando (para frente, para trás, de lado, pé esquerdo, pé direito, pés juntos).
Variações: Troca toca de coelho ou coelho vira toca e vice-versa.

Atividade 35

Eixo Temático - Estruturação espacial
Procedimentais - Correr, andar e galopar

Conceituais - Memorização
Atitudinais - Participação e responsabilidade

Que Horas São?

As crianças sentam-se e formam uma roda. O professor escolherá três delas para fazerem o papel de gato, rato e porta. O gato ficará do lado de fora da roda e procurará a porta, que estará de costas para a roda. Quando encontrá-la, deverá bater e perguntar:

– O seu rato está?
– Não! - Respondem as crianças.
– Que horas ele volta?
A porta estabelece um horário.

O gato andará, correrá, galopará em torno da roda, e as crianças (que são o relógio) contarão as voltas que o gato der, as quais corresponderão às horas que se passarão. O gato perguntará a cada passagem pela porta: "Que horas são?" As crianças responderão: "Uma hora", "duas horas" etc.

Quando o gato chegar ao horário estabelecido, tentará entrar na roda para apanhar o rato e as crianças tentarão evitar a sua entrada ou facilitar a saída do rato.

Atividade 36

Eixo Temático - Estruturação espacial
Conceituais - Transferir e conhecer

Procedimentais - Equilíbrio em um só pé
Atitudinais - Cooperação e espírito de equipe

Presidente

A turma será dividida em duas equipes e combinará quem será o "Presidente", ou seja, aquele que comandará os movimentos dos demais.

A equipe que dará início à atividade ficará de costas para os colegas, que permanecerão sentados no chão. Ao sinal do professor, a primeira equipe, procurando manter-se equilibrada em um só pé, executará palmas, movimentos com os braços, deslocamentos para frente, lado e para trás sob o comando do Presidente. Enquanto isso, o grupo de crianças que está sentado tentará adivinhar quem é o Presidente. A situação se inverterá quando ele for descoberto.

Atividade 37

Eixo Temático - Estruturação espacial
Conceituais - Transferir e conhecer
Procedimentais - Arremessar e receber
Atitudinais - Cooperação e trabalho em grupo

Dez Passes

A turma será dividida em duas ou mais equipes. O objetivo do jogo é tentar atingir a quantidade de dez passes, sem permitir que a equipe adversária pegue a bola. Quem estiver com a posse da bola não poderá andar nem correr. Os demais poderão se movimentar livremente pelo espaço determinado pelo professor.

Atividade 38

Eixo Temático - Orientação temporal
Conceituais - Memorização
Procedimentais - Estar em pé e sentado
Atitudinais - Participação

Pegador Ameba

A atividade começa com um pegador tentando tocar as demais crianças. Quem for pego, deverá ficar sentado no chão, podendo deslocar-se – sempre com quatro contatos com o solo – para tocar os pés do pegador. Se isto ocorrer, esta criança recuperará a vida, podendo fugir novamente. Quem for pego duas vezes assumirá a função de pegador.

Atividade 39

Eixo Temático - Orientação temporal
Conceituais - Ordenação
Procedimentais - Andar e correr
Atitudinais - Respeito às normas e regras

Corrida de Bastões

A turma será dividida em duas equipes, dispostas frente a frente, e cada um dos seus membros receberá um número, o nome de uma fruta ou de um animal. Dispostos à frente da equipe, estarão três bastões ou cabos de vassoura. Ao chamado do professor, as crianças (uma de cada equipe) correrão até os bastões e, em forma de carrinho de mão – um bastão em cada mão –, conduzirão rolando o terceiro, que estará no chão até determinado ponto, deixando lá o material que será trazido por outro componente do grupo a ser chamado em seguida.

Atividade 40

Eixo Temático - Orientação temporal
Conceituais - Discriminação auditiva
Procedimentais - Andar e correr
Atitudinais - Esforço para superar-se

Os Bichos

A turma, dividida em duas equipes, permanecerá sentada no chão, de costas uns para os outros. Cada grupo receberá um nome: mamíferos, répteis, ovíparos, aves etc. O professor dirá o nome de um animal qualquer, o grupo ao qual ele pertence deverá levantar-se e correr até um limite determinado (tocar uma parede, ultrapassar uma linha no chão). Enquanto isso, a equipe oposta tentará tocá-los. Quem for pego mudará de equipe.

Variação: O professor poderá organizar uma lista de mamíferos ou répteis, por exemplo, retomando os nomes de todos os animais que foram chamados.

Atividade 41

Eixo Temático - Esquema corporal
Conceituais - Discriminação auditiva e visual
Procedimentais - Correr e andar
Atitudinais - Esforço para superar-se

O Navio

As crianças, dispostas em círculo, marcarão seus espaços no chão com giz ou com um bambolê. O professor, no centro da roda, começará a contar uma história, dizendo que eles estão navegando e o mar está balançando o navio. Todas as crianças balançam seus corpos. O professor avisa que uma onda jogou o navio para a direita e todas as crianças viram à sua direita; para a esquerda, todas as crianças viram à sua esquerda, e assim por diante. Quando o professor disser "Tempestade" todas as crianças irão para qualquer lugar. Assim, a criança que ficar sem espaço, continuará a história.

Atividade 42

Eixo Temático - Esquema corporal
Conceituais - Identificar
Procedimentais - Estar em pé
Atitudinais - Esforço para superar-se

Desenho Animado

O professor preparará, previamente, pequenos papéis com o nome de diversos personagens de filmes, desenhos animados ou livros. A turma, dividida em duas equipes, tentará, com uma criança de cada vez, ler e representar com mímicas aquele personagem. Pontuará a equipe que acertar a maior quantidade de personagens ou realizar a tarefa em menor tempo. Deverão ser elaboradas relações diferentes para cada grupo.

Atividade 43

Eixo Temático - Esquema corporal
Conceituais - Comparar
Procedimentais - Arremessar
Atitudinais - Respeito ao colega

Torre

Dividir a classe em duas equipes. Traçar um círculo grande no chão e posicionar um cesto de lixo ou uma caixa de papelão no centro, podendo estar em um plano elevado. Uma das equipes terá a função de proteger a "torre" e a outra tentará derrubá-la, arremessando bolas leves (de meia).

O professor poderá combinar com os alunos diversas regras: as bolas que permanecerem dentro da roda podem ou não ser devolvidas aos arremessadores, haverá um tempo para o ataque de cada equipe etc. Estas regras poderão ser registradas e fixadas em algum lugar à vista de todos.

Atividade 44

Eixo Temático - Orientação temporal
Conceituais - Atenção
Procedimentais - Andar e correr
Atitudinais - Organização

Queimada com Duas Bolas

O jogo começa com um queimador, de posse de duas bolas. Os demais são fugitivos. O queimador perseguirá os fugitivos, tentando atingi-los com uma ou duas bolas. Sempre que ele estiver com uma bola nas mãos, ele é o queimador, podendo recuperar aquela que foi jogada. Contudo, se ele utilizar as duas bolas, o primeiro fugitivo que tocá-lo antes que ele recupere ao menos uma passará a ser o queimador, reiniciando o jogo.

Quem for queimado, sentará no chão, podendo recuperar a vida se tocar em uma bola que for jogada pelo queimador.

Atividade 45

Eixo Temático - Estruturação espacial
Conceituais - Transferir e conhecer
Procedimentais - Andar e correr
Atitudinais - Trabalho em grupo

Luta de Serpentes

A turma deve ser dividida em duas ou mais equipes. Cada uma, separadamente, organizará uma fila com as mãos nos quadris ou nos ombros dos colegas da frente. O objetivo consiste no primeiro de cada fila (a boca da serpente) conseguir tocar o último da outra fila (o rabo da serpente). A cada rompimento da fila, o professor deverá paralisar a atividade e solicitar que as duas serpentes se reorganizem.

Atividade 46

Eixo Temático - Estruturação espacial
Conceituais - Memorização
Procedimentais - Equilíbrio em um pé só
Atitudinais - Autoconfiança

Campo Minado

O objetivo do jogo é chegar ao outro lado da quadra, do pátio ou do espaço entre duas linhas paralelas, distantes 5 ou 6 metros uma da outra.

O professor poderá desenhar pequenas marcas no chão em forma de pedras ou utilizar folhas de jornal de 30 cm x 30 cm. Algumas destas "pedras" são minas que "explodirão" se forem pisadas. Para tanto, o professor elaborará e guardará consigo um mapa indicando os pontos perigosos. Os alunos deverão fazer a travessia, tendo o cuidado de não pisar nas "minas". Cada aluno que for atingido pode voltar e recomeçar a trajetória outra vez. O jogo pode ser feito individualmente ou em equipes.

Atividade 47

Eixo Temático - Esquema corporal
Conceituais - Identificar e transferir
Procedimentais - Estar em pé e sentado
Atitudinais - Trabalho em grupo

Retrato de Família

A turma será dividida em pequenos grupos, que receberão uma relação familiar, contendo, por exemplo, dois avós, dois tios, oito irmãos, duas mães, dois pais, seis sobrinhos, seis filhos etc.

A regra do jogo consiste em compor o retrato da seguinte forma: pessoas idosas em pé, adultos ajoelhados, crianças sentadas no chão, casais de braços dados e irmãos uns ao lado dos outros. A cada hipótese proposta, o professor deve ser chamado pelos alunos e conferir. Caso a família composta esteja "correta", ele fingirá tirar uma foto; caso esteja "errada", a máquina não funcionará. Esta atitude deverá ocorrer até os alunos descobrirem onde está o erro.

Atividade 48

Eixo Temático - Orientação temporal
Conceituais - Ordenação
Procedimentais - Estar em pé e sentado
Atitudinais - Organização

Construir a Frase

O professor comporá uma frase longa e significativa para o grupo de crianças. A turma, dividida em grupos, receberá separadamente as palavras (em pedaços de papel ou verbalmente) e tentará reorganizá-las, recompondo a frase original. Poderão ser feitas muitas tentativas.

Atividade 49

Eixo Temático - Estruturação espacial
Conceituais - Discriminação visual
Procedimentais - Correr e arremessar
Atitudinais - Esforço para superar-se

Fuga Maluca

Serão distribuídas pelo espaço dez garrafas plásticas de refrigerante vazias. A turma será dividida em duas equipes. Uma chutará a bola e a outra defenderá. Marcadas as posições, a criança da equipe que ataca, após chutar, deverá correr e tentar derrubar a maior quantidade de garrafas possível. Enquanto isso, a equipe que defende deverá pegar a bola e, efetuando passes e arremessos, tentar "queimar" o corredor antes que ele derrube todas as garrafas. A equipe que ataca deverá anotar o número de garrafas derrubadas e ir somando todos os resultados. Após terminarem os chutes de uma equipe, elas trocarão de lugar.

Atividade 50

Eixo Temático - Orientação temporal
Conceituais - Memorização
Procedimentais - Estar em pé e sentado
Atitudinais - Trabalho em grupo

Resgate Ecológico

O professor poderá utilizar um texto ou contar uma história que aborde o desmatamento, o efeito estufa e a conseqüente diminuição das espécies animais.

Com a turma distribuída em equipes, e cada um com uma folha de papel, as crianças deverão tentar salvar a maior quantidade de espécies cujo nome comece com determinada letra (fornecida pelo professor). Por exemplo, terminada a história, ele dirá: "Vamos salvar os animais que iniciam com a letra C". As equipes terão um tempo para escrever todos os nomes que recordem que comecem com esta letra.

Atividade 51

Eixo Temático - Esquema corporal
Conceituais - Identificar e comparar
Procedimentais - Andar e empurrar
Atitudinais - Esforço para superar-se

Vale-Tudo

A turma comporá um só círculo de braços entrelaçados. Dois alunos serão escolhidos para ficar no centro. Ao sinal do professor, as duas crianças procurarão espaços para sair, tentando passar por baixo dos braços dos companheiros. Organizadamente, o professor deve substituir os alunos escolhidos.

Atividade 52

Eixo Temático - Estruturação espacial
Conceituais - Classificação
Procedimentais - Correr
Atitudinais - Respeito ao colega

Toca

Toda a turma forma uma grande roda, e cada um circulará com giz o seu local. O professor, no centro da roda, deve escolher algumas características, visíveis ou não, e solicitar o seguinte: "Deverão trocar de lugar os alunos que estiverem utilizando tênis"; "Deverão trocar de lugar os alunos que torcerem pelo Corinthians". Quando menos se espera, o professor entrará em um dos espaços marcados pelos alunos e, dando continuidade, o aluno que ficar sem espaço solicitará nova troca.

Atividade 53

Eixo Temático - Estruturação espacial
Conceituais - Discriminação visual e atenção
Procedimentais - Arremessar e correr
Atitudinais - Organização

Juntando Latas

O professor convidará cada aluno a trazer uma lata de refrigerante vazia para a escola. A turma, dividida em duas equipes, poderá colorir as latas de duas cores diferentes, para identificá-las. Espalhadas na quadra, o objetivo da atividade é conseguir derrubar a lata da equipe adversária, arremessando uma bola pequena (de meia ou borracha). Inicialmente, cada um tomará conta da sua lata; quando esta for derrubada, passará para a equipe adversária, que as colocará num canto. Os alunos que perderam as latas passarão a jogar do lado de fora das linhas da quadra, movimentando-se livremente para passar a bola ou derrubar as latas dos oponentes.

O professor poderá utilizar a metodologia de construção de novas regras pelo grupo e solicitar que as crianças as registrem em uma cartolina fixada em um local visível.

Atividade 54

Eixo Temático - Estruturação espacial
Conceituais - Atenção e concentração
Procedimentais - Caminhar numa superfície de pequena altitude
Atitudinais - Cooperação e trabalho em grupo

Construindo a Ponte

Os alunos serão divididos em grupos de cinco ou seis. Cada um receberá uma folha de jornal, que deverá ser dobrada quatro vezes. Com esta pequena "madeirinha", elas deverão construir uma ponte de um lado até o outro da quadra, não sendo permitido utilizar mais "madeiras" e nem pisar "na água", ou seja, só poderão pisar no jornal. O professor deve oferecer muitas interrupções para que as crianças discutam possíveis soluções.

Atividade 55

Eixo Temático - Estruturação espacial
Conceituais - Memorização
Procedimentais - Correr, arremessar e saltar
Atitudinais - Cooperação

O Jogador Secreto

Essa é uma adaptação que pode ser feita em muitas atividades; por exemplo, na queimada. Antes de começar o jogo, os alunos devem escrever uma relação de jogadores secretos e entregar ao professor. Nesta relação, deverá constar a seqüência combinada pelos alunos de arremessadores, por exemplo, o João, o José, a Maria, a Carolina etc. Quando o jogo começar, o professor, de posse dessa relação, observará se a turma está acompanhando a seqüência, pontuando a equipe oponente, caso alguém faça uma jogada na vez do companheiro.

Em outra situação, a equipe poderá entregar por escrito o nome de dois jogadores secretos que compõem a "vida" da equipe. Se eles forem queimados, o jogo terminará. Enquanto isso, a equipe adversária, sem conhecer os jogadores secretos, procurará observar quem está se expondo e quem está sendo protegido.

Atividade 56

Eixo Temático - Orientação temporal
Conceituais - Atenção e discriminação auditiva
Procedimentais - Andar e estar em pé
Atitudinais - Respeito às normas e regras

Estátua

O jogo terá início com todos os alunos dispostos em fila, distantes de um companheiro que permanecerá de costas para o grupo. Este contará bem rapidamente até dez, virando-se e gritando "Estátua". Enquanto ele conta, os colegas poderão se aproximar. Após ouvir o comando de "Estátua", todos deverão ficar imóveis. Quem se mexer será apontado pelo companheiro que estava contando, retornando ao local de saída. Aquele que conseguir tocar o contador em primeiro lugar, passará a fazer a contagem e gritar "Estátua".

Atividade 57

Eixo Temático - Orientação temporal
Conceituais - Discriminação visual e auditiva
Procedimentais - Saltar e saltitar
Atitudinais - Autoconfiança e esforço para superar-se

Pular Corda

Utilizando uma corda ou mais, a serem "batidas" por duas pessoas, os alunos formarão uma fila e procurarão executar os movimentos da música abaixo:

> *Um homem bateu em minha porta*
> *e eu abri*
> *Senhoras e senhores ponham a mão no chão* (o aluno tenta pôr a mão no chão)
> *Senhoras e senhores pulem num pé só* (o aluno dá alguns saltos num só pé)
> *Senhoras e senhores dêem uma rodadinha* (o aluno faz um giro)
> *E vão pro olho da rua!* (o aluno sai da corda dando lugar a outro)

Em sala de aula, o professor poderá trabalhar com a letra da música, reescrevendo-a ou propondo sua releitura.

Atividade 58

Eixo Temático - Estruturação espacial
Conceituais - Atenção e concentração
Procedimentais - Correr e estar em pé
Atitudinais - Participação

Nunca Três

O professor solicitará que a turma distribua-se pelo espaço em duplas. Escolherá um fugitivo e um pegador para começar a perseguição. Quando o fugitivo ficar ao lado de uma dupla, o aluno que ficou do outro lado passará a perseguir aquele que estava pegando, alternando seu papel.

Atividade 59

Eixo Temático - Orientação temporal
Conceituais - Discriminação auditiva, atenção, ordenação
Procedimentais - Estar sentado, bater
Atitudinais - Organização

Vice-Vice-Pres-Pres

A turma será disposta em um grande círculo e permanecerá sentada no chão, com as pernas em posição de índio. Cada criança receberá um cargo: Presidente, Vice-presidente e Funcionário número um, dois, três e assim por diante.
Todos batem as mãos duas vezes nas coxas e duas palmas, de forma ritmada. A atividade começa com o Vice-presidente dizendo: "Vice-vice; pres-pres", indicando ser a vez do presidente dizer, por exemplo, "Pres-pres; cinco-cinco"; é a vez do número cinco dizer, "Cinco-cinco; doze-doze", e assim por diante. Quando o aluno diz o próprio número, bate duas vezes com as mãos nas coxas, quando diz o número que será chamado, bate duas palmas.

Atividade 60

Eixo Temático - Esquema corporal
Conceituais - Atenção e concentração
Procedimentais - Estar de pé e sentado
Atitudinais - Conhecimento e respeito a si e dos outros

Morto-Vivo

Com os alunos em círculo, o professor poderá conduzir a atividade ou solicitar que algum aluno o faça. O objetivo é alternar comandos de "Morto", quando os alunos se sentam no chão, ou "Vivo", quando os alunos ficam em pé.

REFERÊNCIAS

BECKER, F. **A origem do conhecimento e a aprendizagem escolar**. Porto Alegre: Artmed, 2003.

BENTO, J. O. As funções da Educação Física. **Revista Horizonte**, n. 5, set/out, 1991.

BRASIL. **Parâmetros Curriculares Nacionais** – Educação Física. Ministério da Educação/Secretaria do Ensino Fundamental. Brasília: v. 7. MEC/SEF, 1997.

COLL, C. **Psicologia e currículo**. São Paulo: Ática, 1996.

_____. et al. **Desenvolvimento psicológico e educação**. Porto Alegre: Artmed, 1995.

COLELLO, S. **Linguagem escrita e escrita da linguagem**: Emilia Ferreiro e Jean Le Boulch, um confronto de teorias. São Paulo, 1990. Dissertação (Mestrado). Faculdade de Educação Universidade de São Paulo.

_____. **Alfabetização em questão**. São Paulo: Graal, 2004.

CRATTY, B. **Inteligência pelo movimento**. Rio de Janeiro: Difel, 1975.

DANTAS, H. et al. **Piaget, Vygotsky e Wallon**. São Paulo: Cortez, 1992.

DAOLIO, J. **Da cultura do corpo**. Campinas: Papirus, 1995.

FERREIRO, E.; TEBEROSKY, A. **Psicogênese da língua escrita**. Porto Alegre: Artes Médicas, 1986.

FREIRE, J. B. **Educação de corpo inteiro**. São Paulo: Scipione, 1998.

GALLAHUE, D. L.; OZMUN, J. C. **Compreendendo o desenvolvimento motor**: bebês, crianças, adolescentes e adultos. São Paulo: Phorte, 2005.

LE BOULCH, J. **O desenvolvimento psicomotor desde o nascimento até os seis anos**. Porto Alegre: Artes Médicas, 1982.

_____. **A educação pelo movimento**: a psicocinética na idade escolar. Porto Alegre: Artes Médicas, 1983.

_____. **Educação psicomotora**. Porto Alegre: Artes Médicas, 1986.

MACEDO, L. **Ensaios construtivistas**. São Paulo: Casa do Psicólogo, 1994.

MATTOS, M. G. de. **Vida no trabalho e sofrimento mental do professor de Educação Física**. 1994. Tese (Doutorado) - FE Universidade de São Paulo.

MATTOS, M. G.; NEIRA, M. G. **Educação Física infantil**: inter-relações movimento, leitura e escrita. São Paulo: Phorte, 2002.

NEIRA, M. G. **Por dentro da sala de aula**: conversando sobre a prática. São Paulo: Phorte, 2004.

OBERTEUFFER, D.; ULRICH, C. **Educação Física**: manual de princípios para estudantes de Educação Física. São Paulo: EPU/Edusp, 1977.

PIAGET, J. **O nascimento da inteligência na criança**. Rio de Janeiro: Zahar, 1975.

_____. **A tomada de consciência**. São Paulo: Edusp/Melhoramentos, 1977.

_____. **O possível e o necessário**. A evolução dos possíveis na criança. Porto Alegre: Artes Médicas, 1995.

_____. **O juízo moral na criança**. São Paulo: Summus, 1994.

_____. **Problemas de psicologia genética**. Lisboa: [s.e]1983.

SCHIMIDT, R. A.; WRISBERG, C. A. **Aprendizagem e performance motora:** uma abordagem da aprendizagem baseada no problema. Porto Alegre: Artmed, 2001.

TANI, G. et al. **Educação Física escolar**: fundamentos de uma abordagem desenvolvimentista. São Paulo: EPU/USP, 1988.

VYGOTSKY, L. S. **A formação social da mente**. São Paulo: Martins Fontes, 1989.

ZABALA, A. **A prática educativa**. Porto Alegre: Artmed, 1998.

Sobre o Livro

Formato: 14 x 21cm
Mancha: 9,6 x 17cm
Tipologia: Adobe Garamond Pro
Papel: Off set 75g
7ª edição: 2008

Equipe de Realização

Nathalia Ferrarezi (Preparação do Original)
Editoração Eletrônica
Vinícius Mazzonetto (Projeto Gráfico)
Renata Tavares (Diagramação)
Luz Garcia Neira (Capa)
Impressão
Gráfica Santa Marta